Sticken

von Hand und mit der Nähmaschine

Angelika und Jürgen Orthaus

Sticken

von Hand und mit der Nähmaschine

Otto Maier Ravensburg

CIP-Kurztitelaufnahme der Deutschen Bibliothek

Orthaus, Angelika:
Sticken: von Hand u. mit d. Nähmaschine /
Angelika u. Jürgen Orthaus. – Ravensburg:
Maier, 1987.
ISBN 3-473-42425-0
NE: Orthaus, Jürgen:

Textile Entwürfe, Anleitungen, Konzeption: Angelika Orthaus
Text und Fotos: Jürgen Orthaus
Illustration und Layout: Angelika Orthaus, Heinrich Zwanck
Stickereien: Angelika Orthaus, Julia Jacoby-Nelson,
Helga Maser und Karin Haupt

Reproduktionen: eurocrom 4 s.n.c., Villorba (TV)
Satz: Fotosatz Ruderer, Grünkraut
Gesamtherstellung: Appl, Wemding
Printed in Germany

90 89 88 87 4 3 2 1

ISBN 3-473-42425-0

Inhalt

Einleitung

Vom einfachen Kreuzstich bis zur Stickerei mit der Nähmaschine werden Sie in diesem Buch viele wichtige Stickarten kennenlernen: Stickereien, die im Nu fertig sind, ebenso die Weißstickerei unserer Großmütter oder feine Nadelmalereien und effektvolle Mischtechniken – alles wird in einfachen Anleitungen und mit großformatigen Abbildungen, auf denen Sie die einzelnen Stickstiche gut erkennen können, anschaulich erklärt.
Darüber hinaus finden Sie in diesem Buch viele Motive, die Sie selbst nachsticken können.
Viel Spaß dabei!

Der zarte Schmetterling ist teils von Hand und teils mit der Maschine gestickt.
Wie's gemacht wird, steht auf Seite 102.

MHH
1736

Die Stickstiche

Sticken ist im Prinzip nichts anderes als Malen mit Nadel und Faden.
So wie der Künstler mit feinen Farbtupfern oder kräftigen Pinselstrichen seine Leinwand bemalt, so können Sie mit zahlreichen, sehr verschiedenen Stichen Ihr Motiv auf den Stoff sticken.
Schnell geht es mit Kreuz-, Ketten- und Stielstichen.
Sehr ausdrucksstark ist die Wirkung des Plattstichs, besonders des ineinandergreifenden Plattstichs, der in der sogenannten „Nadelmalerei" verwendet wird. Mit seiner Hilfe lassen sich feinste Farbnuancen wiedergeben und Licht und Schatten auf den Stoff legen.
Klassisch ist die Technik der Loch- und Hochstickerei, die früher Weiß auf Weiß gestickt wurde, daher auch der Name Weißstickerei.
Heute erfreut sie sich wieder wachsender Beliebtheit.
Rapporte und Bordüren können Sie bequem mit der Nähmaschine sticken.
Moderne Maschinen verfügen außer Stepp- und Zickzackstichen über ein reichhaltiges Zierstichprogramm. Die Pfaff Creative 1471 können Sie sogar mit Ihren eigenen Entwürfen programmieren.

Stickmustertuch aus dem Jahre 1736, vermutlich aus der Gegend von Nürnberg.
Sticharten: Petit Point, Gros Point, Florentiner Stickerei, Stielstich, Plattstich, Nadelmalerei, Kreuzstich und Französische Knötchen.
Material: Seidengarn auf Leinen.
Museum für Kunst und Gewerbe, Hamburg.

Vorstich

Der Vorstich ist ein einfacher Auf- und Abstich. Rechtshänder sticken ihn von rechts nach links, Linkshänder von links nach rechts.
Die Anleitungen gelten für Rechtshänder. Stickt man als Rechtshänder von links nach rechts, so stickt ein Linkshänder von rechts nach links. Darauf wird nicht mehr gesondert verwiesen.

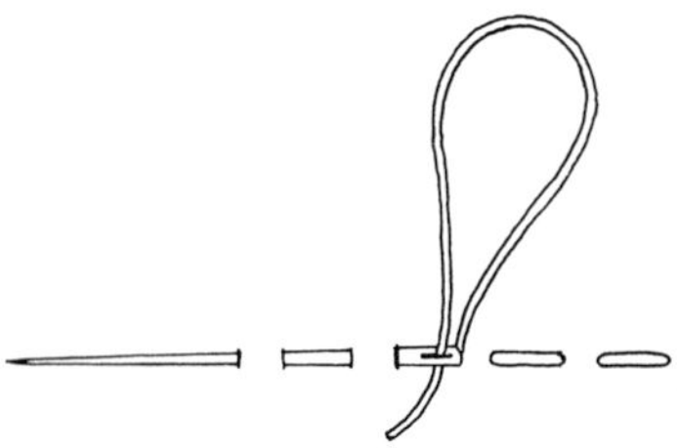

Den Stoff von unten her an der gewünschten Stelle durchstechen und in kurzem Abstand von oben wieder einstechen. Auf gleichmäßige Abstände achten.
Bei dünnem Stoff kann mehrmals ein- und ausgestochen werden. Faden auf einmal durchziehen.
Die Stichlängen über und unter dem Stoff können gleich oder verschieden lang sein, auf einer Seite sollten sie jedoch gleich lang sein.

Zur Verzierung können die Vorstiche mit einem andersfarbigen Faden durchzogen werden. Dafür stumpfe Nadeln verwenden.

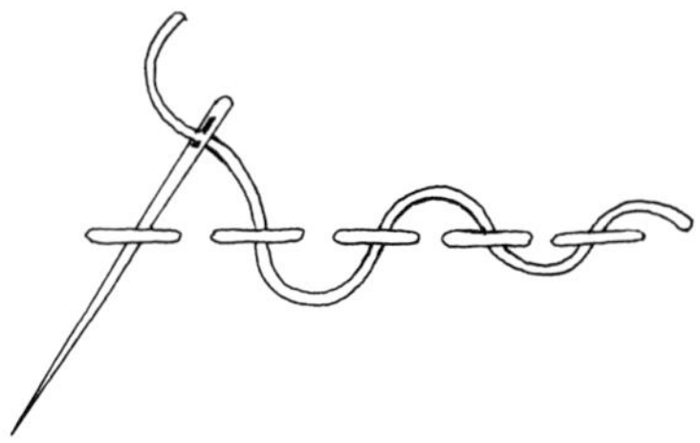

Parallel angeordnet eignen sich Vorstiche sehr gut zum Sticken von Bordüren.

Stielstich

Der Stielstich stickt sich schnell und mühelos von links nach rechts oder von unten nach oben.
Von unten durch den Stoff hochstechen und in gewünschter Stichlänge von oben wieder einstechen.
Eine halbe Stichlänge zurückgehen und wieder nach oben stechen.

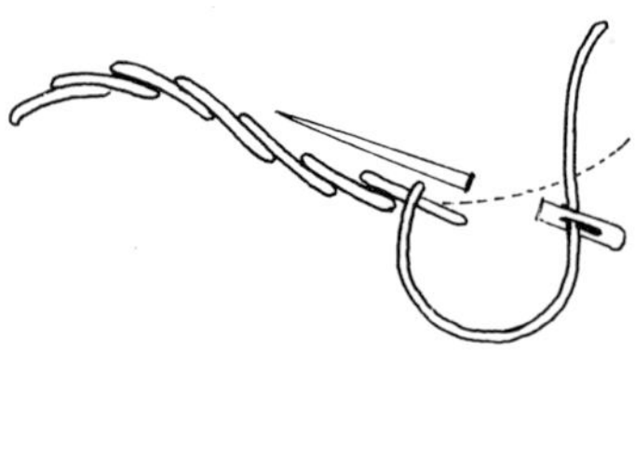

Die Stiche möglichst eng aneinandersetzen.
Drei- und sechsfädig gestickt wirkt der Stielstich am schönsten.
Wie der Name schon sagt, eignet sich der Stielstich vorzüglich zum Sticken von Stielen und Ranken bei floralen Motiven und ganz generell zum Ziehen von Linien und Umranden von Flächen.

Rück- oder Steppstich

Auch dieser Stich wird von links nach rechts gestickt. Stoff von unten durchstechen und von oben nach rechts zurückstechen.

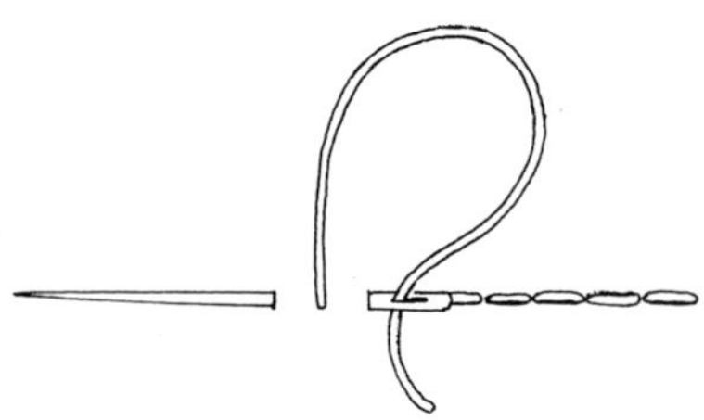

In doppelter Stichlänge links wieder hochstechen und nach rechts zur letzten Durchstichstelle zurückstechen, so daß sich die einzelnen Stiche eng aneinanderreihen.

Der Rück- oder Steppstich eignet sich zum Ziehen von Linien und Umranden von Formen.
In der Nähtechnik wird der Rückstich auch Steppstich genannt.

Kettenstich

Der Kettenstich wird von oben nach unten gestickt. Von unten den Stoff durchstechen, von links nach rechts eine kleine Fadenschlinge legen und an der Ausstichstelle wieder von oben einstechen. Wieder von unten her innerhalb der Schlinge ausstechen, wobei der Arbeitsfaden unter der Nadelspitze liegen muß. Arbeitsfaden durchziehen. Mit Kettenstichen werden Linien und Umrandungen gestickt.

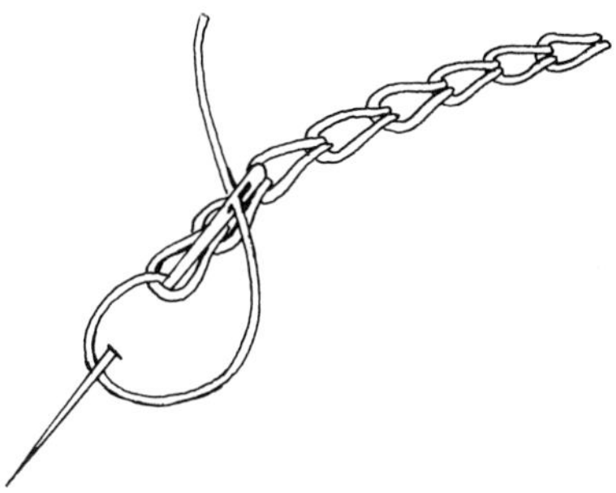

Gedrehter Kettenstich

Der gedrehte Kettenstich wird von rechts nach links gearbeitet.
Stoff von unten her durchstechen, von links nach rechts eine kleine Fadenschlinge legen, und links oberhalb der Schlinge nach schräg links abwärts so ein- und wieder ausstechen, daß beim Ausstechen die Fadenschlinge unter der Nadelspitze liegt.

Arbeitsfaden durchziehen. Die Stiche eng aneinanderreihen.

Einzelner Kettenstich

Stoff von unten her durchstechen und einen einzelnen Kettenstich sticken.
Unterhalb der Fadenschlinge so einstechen, daß die Nadel von unten neben der ersten Einstichstelle des zuvor gestickten Kettenstiches wieder aussticht. Durch diesen Stich wird der erste Kettenstich befestigt und sogleich der nächste Kettenstich begonnen.
Einzelne Kettenstiche lassen sich sehr schön zu Blüten und Ornamenten anordnen.

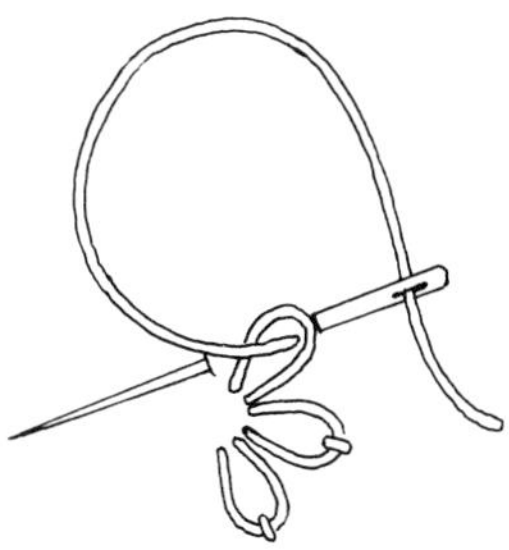

Kreuzstich

Eine traditionsreiche, einfache, fadengebundene Sticktechnik.
Bei sehr feinen Geweben, wie z. B. Seide, empfiehlt es sich, über Stramin zu sticken.
Am schnellsten wird der Kreuzstich in zwei Arbeitsgängen gestickt.

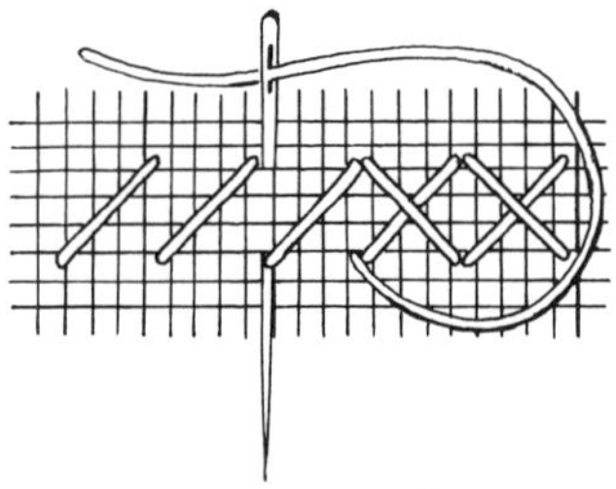

Sticken Sie zuerst von links nach rechts. Links unten durch den Stoff nach oben stechen, schräg rechts oben wieder einstechen und senkrecht darunter in Höhe der ersten Ausstichstelle wieder ausstechen. So ergibt sich eine Reihe von schräg

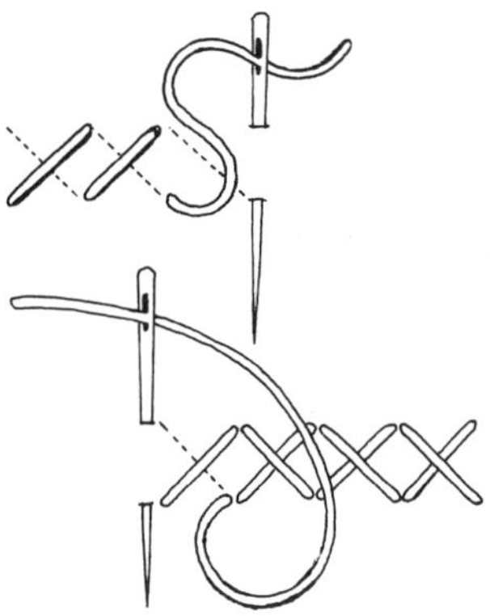

nach rechts geneigten Parallelstichen. Im zweiten Arbeitsgang von rechts nach links sticken.
Dabei sollten Sie darauf achten, daß Sie die Einstichstelle des ersten Arbeitsganges benützen.
Sollen die Kreuze schräg untereinander stehen, muß jeder Kreuzstich erst fertig gestickt werden.
Beim Sticken mit Stramin sollte jeder Ein- und Ausstich extra gestickt werden.

Hexenstich

Hexenstiche wirken gut als Bordüren. Eng ineinandergestickt eignen sie sich zum Ausfüllen von Flächen.
Hexenstiche lassen sich schnell und einfach von links nach rechts sticken.
Von unten durch den Stoff stechen und schräg rechts oben einstechen. Etwas links versetzt ausstechen und schräg nach rechts unten einstechen. Wieder etwas links versetzt ausstechen.

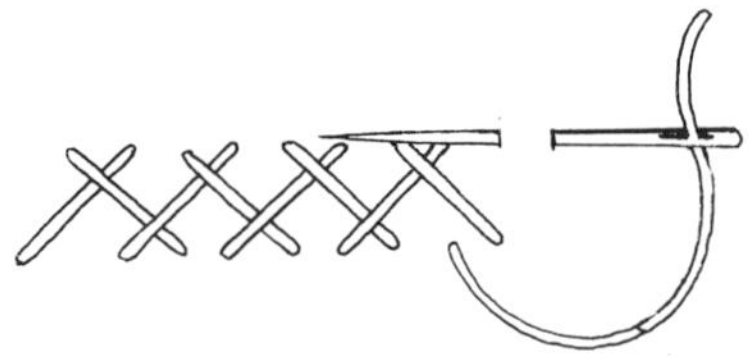

Sternstich

Der Sternstich besteht aus zwei Kreuzstichen, die um 45° verdreht übereinander gestickt werden.
Es empfiehlt sich, den Sternstich in vier Arbeitsgängen zu sticken:
erste Stichreihe schräg nach rechts,
zweite Stichreihe schräg nach links,
dritte Stichreihe senkrecht,
vierte Stichreihe waagerecht.

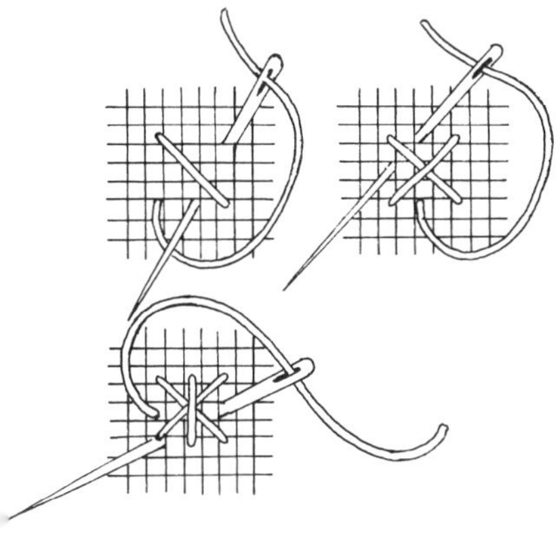

Der innen offene Sternstich besteht aus mehreren (meist acht) Spannstichen, die strahlenförmig um einen Mittelpunkt gestickt werden.

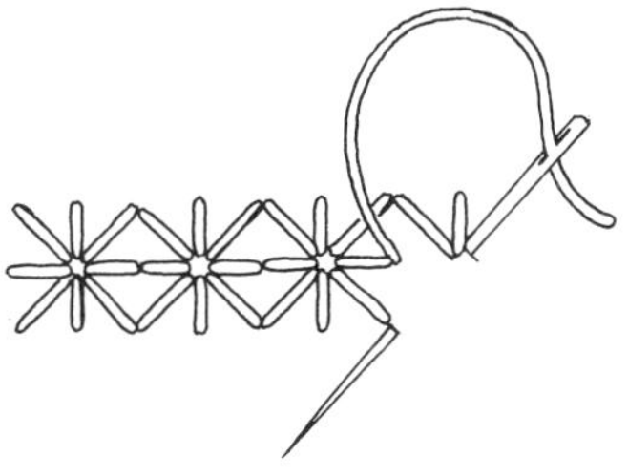

Man sollte die Fäden fest anziehen, damit sich der Stern in der Mitte öffnet. Sternstiche eignen sich ganz ausgezeichnet für Bordüren, Ornamente und einfache Verzierungen.

Knötchenstich

Mit dem Knötchenstich sticken Sie Punkte und lockern Flächen auf. Er eignet sich aber auch zum Ausfüllen großer Flächen. Sie erhalten dadurch eine angenehme Struktur.
Gute Ergebnisse erreicht man mit drei- bis sechsfädigem Stickgarn.
Von unten nach oben durch den Stoff hochstechen, Fäden einige Male um die Nadel wickeln und – indem Sie den Faden mit der linken Hand gespannt halten – dicht neben dem ersten Stich einstechen und festziehen, bis das Knötchen gebildet ist.

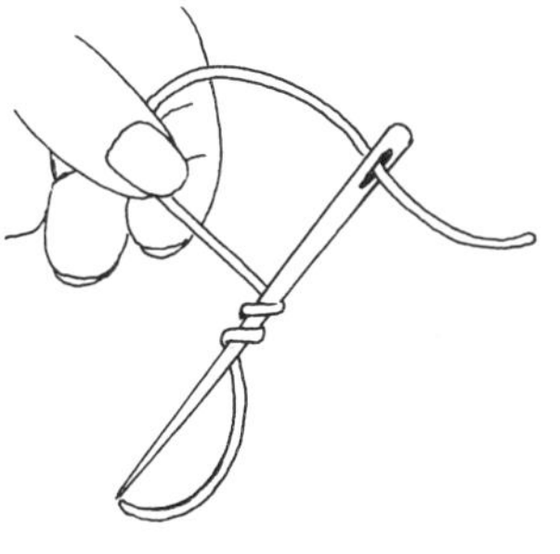

Spannstich

Spannstiche eignen sich gut für Verzierungen in Verbindung mit anderen Stickstichen.
Der Spannstich sollte nicht zu lang und keinesfalls zu locker gestickt werden.
Sehr eng nebeneinandergesetzt wird der Spannstich zum Plattstich.

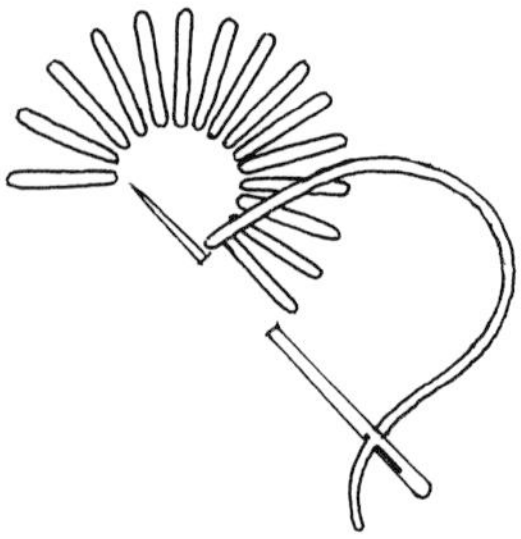

Flachstich

Flachstiche sind nebeneinanderliegende Spannstiche, die auf zählbarem Gewebe, wie z. B. Stramin, gestickt werden.
Sie dürfen nicht zu locker gestickt sein und sollten, parallel verlaufend, in kleinen Stichgruppen angeordnet werden.

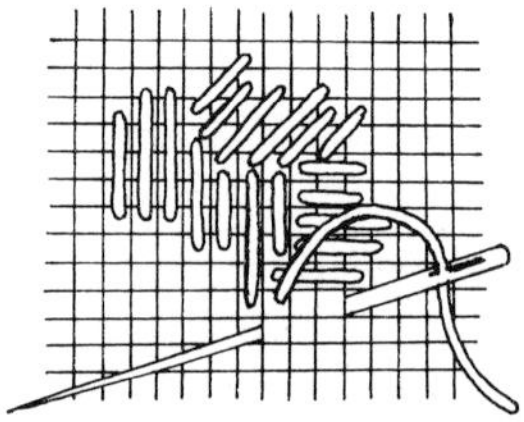

Plattstich

Beim Plattstich handelt es sich um einen fadenungebundenen Stickstich, also einen, der unabhängig vom Fadenverlauf des zu bestickenden Stoffes ausgeführt wird.
Je genauer, je feiner die Stiche gesetzt werden, desto mehr entspricht die Wirkung der Stickerei einer Malerei.
Dies gilt insbesondere für den ineinandergreifenden (schattierenden) Plattstich.
Mit seiner Hilfe können Sie die feinsten Nuancen, die zartesten Farbschattierungen anlegen. Er ist der wichtigste Stich der sogenannten Nadelmalerei und nicht ganz einfach zu handhaben.
Mit etwas Übung und Erfahrung werden Sie hervorragende Ergebnisse erzielen.

Einfacher Plattstich

Dieser Stich eignet sich zum Ausfüllen schmaler Flächen in einer Farbe. Er verleiht dem Motiv, in der richtigen Sticklage gestickt, eine plastische Wirkung.
Sticken Sie in einem Stich über die ganze Breite der Fläche, die Sie übersticken wollen, von einer Umrißlinie zur gegenüberliegenden.

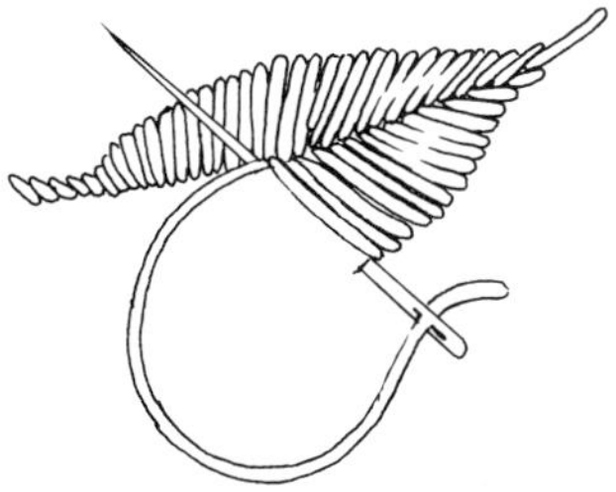

Die Stichlängen dürfen jedoch nicht zu groß sein. Die Fäden müssen parallel und dicht nebeneinanderliegen.
Die Stichlage ist der Form der Stickfläche anzupassen. Scheuen Sie nicht die Mühe, den Plattstich einfädig zu sticken, seine Wirkung ist so am besten.

Ineinandergreifender Plattstich

Mit dem ineinandergreifenden Plattstich füllen Sie größere Flächen aus. Von der Außenkontur ausgehend sticken Sie eine Reihe verschieden langer Stiche zur Mitte der Fläche. Die nächste Reihe wird in die erste Stichreihe wiederum mit verschieden langen Stichen hineingearbeitet, so daß sich der Effekt ineinandergreifender Stiche ergibt.
Auf diese Weise können Sie Struktur und Form des dargestellten Gegenstandes sehr gut wiedergeben.

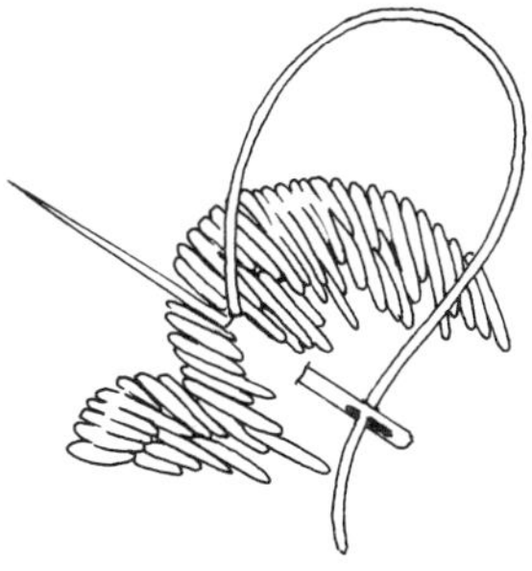

Sie können die Wirkung noch vertiefen, indem Sie jede Stichlage in einem anderen Farbton sticken.

Durch feine Abstufung der Farben ergibt sich eine schattierende Wirkung, weshalb dieser Stich auch der schattierende Plattstich genannt wird. Er ermöglicht es Ihnen, jedes Motiv plastisch und in allen erdenklichen Farbabstufungen mit der Nadel auf den Stoff zu malen.
Er erfordert ein gewisses Können, einige Erfahrung und ein gut ausgebildetes Farbempfinden.

Weißstickerei

Zarte, filigrane Blüten, verschlungene Monogramme, plastisch wirkende Blumenranken, ornamentale Stoffdurchbrüche – die Möglichkeiten der Weißstickerei sind vielfältig.
Die Kunst unserer Urgroßmütter, mit weißem Faden und feiner Nadel auf weißem Gewebe der Phantasie freien Lauf zu lassen, wurde im letzten Jahrhundert durch die Maschinenstickerei verdrängt. Jetzt wird diese alte Handarbeitstechnik allmählich wiederentdeckt.
Die Weißstickerei hat eine lange Tradition. Bereits in vorchristlicher Zeit wurde sie entwickelt, damals allerdings noch als farbige Stickerei. Später erst wurde sie zur reinen, klassischen Weißstickerei und erfreute sich wachsender Beliebtheit in Klöstern und bei den gehobenen Gesellschaftsschichten.
Die Weißstickerei läßt sich fadengebunden und -ungebunden ausführen. Für die fadengebundenen Weißstickereien wird eine Nadel ohne Spitze verwendet, für die fadenungebundene Weißstickerei eine Weißsticknadel mit feiner Spitze.
Da der Stoff sich beim Sticken leicht zusammenzieht, sollte er in einen Rahmen gespannt werden.

Hochstickerei

Die Hochsticktechnik verleiht dem Motiv eine plastische Wirkung. Sie gilt als klassische Technik der Weißstickerei und ist geeignet für Monogramme, Ornamente, florale Motive und alle geschlossenen Stickformen, die erhaben wirken sollen. Sie läßt sich gut mit anderen Sticktechniken kombinieren, ein Beispiel dafür ist die Madeirastickerei.
Gestickt wird mit Vierfachgarn und einer Weißsticknadel auf Leinen oder Baumwollgewebe. Der Stoff sollte in einen Stickrahmen gespannt werden.
Zuerst die Formen mit kleinen Vorstichen markieren und die Form mit Spann- oder Hexenstichen so ausfüllen, daß der kleinere Stich auf der Rückseite, der größere Stich auf der Vorderseite des Stoffes liegt.
Für besonders erhabene Motive kann die Form mit zwei Stichlagen unterlegt werden. Danach im rechten Winkel oder diagonal zur unteren Stichlage die Form mit eng nebeneinanderliegenden Platt- oder Langettenstichen übersticken.
Die Schlingenknoten der Langettenstiche bilden dabei die Kontur der Form.
Beispiele: Seite 20, 21, 22, 23

Langettenstich

Der Langettenstich – ein sogenannter Schlingstich – wird gerne für geschwungene Randabschlüsse an Blusen, Servietten, Kissen etc. verwendet. Er wird von links nach rechts gestickt.
Stoff von unten her durchstechen. Etwas nach rechts oben versetzt wieder einstechen und senkrecht nach unten wieder ausstechen, wobei die dabei entstandene Fadenschlinge unter der Nadelspitze liegen muß. Faden festziehen.

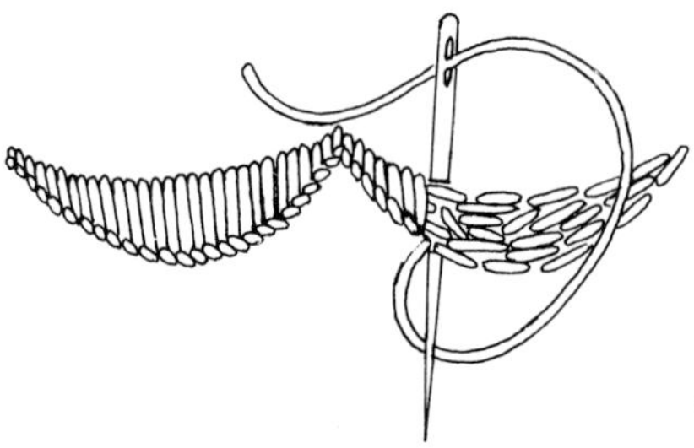

Als Zierstiche können die einzelnen Langettenstiche etwas auseinanderliegen. Als Randabschluß müssen die Stiche eng nebeneinander gestickt und danach die überstehenden Stoffteile abgeschnitten werden.
Die Langettenstickerei läßt sich auch plastisch erhaben (Hochstickerei) ausführen: Dazu müssen vorher die zu überstickenden Formen mit Vor-, Ketten- oder Hexenstichen bestickt werden. Dann mit Langettenstichen dicht übersticken.
Beispiele: Seite 20, 23

Lochstickerei

Lochstickereien werden gerne für Tischdecken, Kissen, Bettwäsche und Blusen verwendet. Bindlochstich, Madeirastickerei und Richelieustickerei gehören zur Lochstickerei.

Bindlochstich

Konturen des gewünschten Ausschnitts mit Vorstichen ziehen. Das Loch mit Hilfe eines kleinen Pfriems, einem sogenannten Bindlochstecher, in den Stoff stechen. Oder das Loch mit sich überkreuzenden Schnitten in den Stoff schneiden. Stoffzacken nach hinten umlegen und mit feinen, um die Stoffkante greifenden Stichen umsticken.

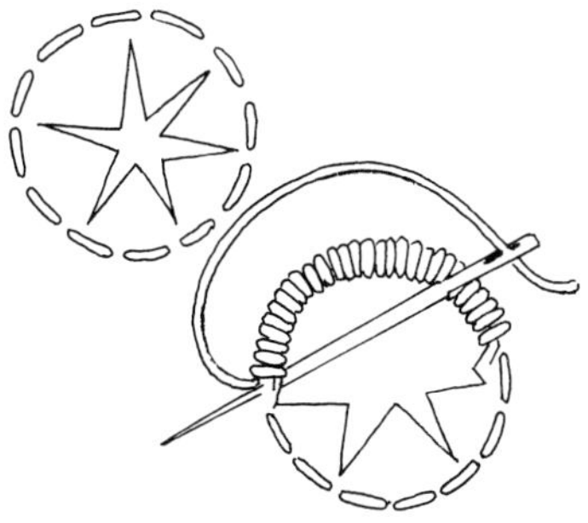

Die Stiche müssen eng aneinandergesetzt werden. Fadenenden vernähen. Zwischen den Stichen soll kein Stoff mehr sichtbar sein. Fransen auf der Rückseite vorsichtig abschneiden.

Madeirastickerei

Die Madeirastickerei ist eine Kombination aus Lochstickerei und Plattstichen. Sie wird auf der portugiesischen Insel Madeira vor der Westküste Nordafrikas professionell betrieben. Madeirastickereien sind sehr haltbar und daher gut geeignet für Bett-, Tisch- und Leibwäsche.

Richelieustickerei

Richelieustickereien wirken – ähnlich wie Spitzen – sehr kostbar.
Richelieu, französischer Kardinal und Minister unter Ludwig XIII., machte die Richelieutechnik in Frankreich populär. Er beabsichtigte damit, die teure Spitze aus Italien zu ersetzen.
Richelieustickereien sind dank ihres Formenreichtums sehr vielfältig verwendbar für Tischdecken, Bettwäsche, Kleidungsstücke etc. Zum Besticken eignen sich Leinen, Halbleinen und Baumwollinon. Gestickt wird mit einer feinen Weißsticknadel und Vierfachgarn.
Die Richelieutechnik ist eine Ausschnittstickerei, bei der Stege die einzelnen Formen zusammenhalten.

Ausgeschnitten wird erst, nachdem die Stickerei beendet ist.
Formen mit Vorstichen umranden und mit den Stegen beginnen: Zwei oder drei Spannstiche mit Schlingstichen umsticken. Darauf achten, daß das Gewebe nicht mit umstickt wird. Sodann die Formen mit Schlingstichen umranden.

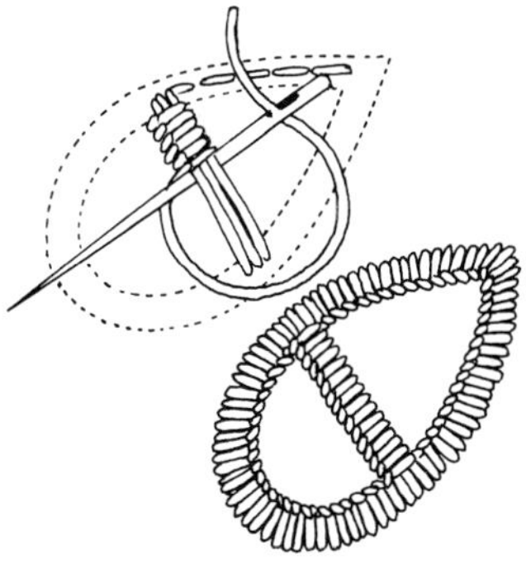

Die Abschlußkante der Schlingstiche muß innerhalb des späteren Ausschnitts liegen. Die Stickstiche eng setzen, danach vorsichtig mit einer scharfen Stickschere die freigebliebenen Stellen ausschneiden.
Beispiele: Seite 20, 23

Altes Monogramm in Lochstickerei

Einfache Übungen in Hochstickerei

Monogramm in Hochstickerei

Zwischen die feinen, erhabenen Linien der Hochstickerei (siehe Seite 18) wurden Steppstichreihen (siehe Seite 10) gezogen.

Kalla in Hochstickerei

(Siehe Seite 18)
Form wurde mit Vorstichlinien gezogen, mit Spann- oder Hexenstichen ausgefüllt, darüber eng aneinandergesetzte Plattstiche gestickt.

Herz in Lochstickerei

Dies ist eine besonders feine Arbeit aus Bindlochstichen, Langettenstichen und Richelieustickerei.

Handwerkszeug

und Materialien

Stickmaterialien

Viel braucht man nicht zum Sticken. Mit Stoff, Stickgarn und Sticknadel kommen Sie im Prinzip schon aus. Doch darüber hinaus gibt es diverse nützliche Hilfsmittel, die Ihnen die Arbeit sehr erleichtern. Einige grundlegende Kenntnisse über bewährte Materialien und Utensilien können viel zum Gelingen Ihres Werkes beitragen. Dazu geben wir Ihnen in diesem Kapitel einige praktische Tips.

Stoffe
Besonders gut geeignet sind Baumwollstoffe, reine Seide, Damast, Flanell, Leinen und Wollstoffe. Experimentieren Sie ruhig! Auch auf Samt kann man wunderschöne Stickereien anbringen.

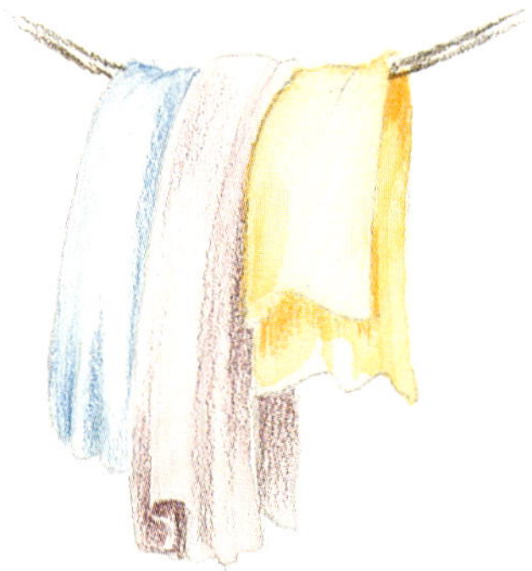

Tip: Dünne Gewebe vor dem Besticken nicht waschen. Die Appretur verfestigt die Oberfläche und erleichtert damit das Sticken.

Stickgarne
Alle Motive dieses Buches wurden mit „Sticktwist“ von MEZ gestickt. Sticktwist ist ein meist sechsfädiges, offen gezwirntes, geschmeidiges, leicht glänzendes Stickgarn aus reiner Baumwolle – es verträgt unbeschadet auch die Kochwäsche. Dieses Garn läßt sich leicht teilen und ein- bis sechsfädig versticken.

Tip: Besonders feine Schattierungen erzielen Sie durch einfädiges Sticken. Um starke Farbabweichungen zu vermeiden, vor Beginn der Arbeit das benötigte Stickgarn kaufen – dies ist besonders bei größeren Stickereien wichtig.
Es wurde bewußt darauf verzichtet, bei den einzelnen Modellen Garnnummern anzugeben, denn die Farbpalette wird ständig erweitert – dadurch ändern sich die Nummern. Wenn Sie Garne kaufen, nehmen Sie die Vorlage mit oder wählen Sie andere Farben nach Ihrem Geschmack aus.

Sticknadeln
Passend zum Sticktwist muß auch die Nadel sein. Es gibt Sticknadeln in verschiedenen Größen.

Nehmen Sie für:

Sticktwist	Nadel-Nr.
sechsfädig	20
fünffädig	22
vierfädig	22
dreifädig	23
zweifädig	24
einfädig	24

Tip: Grundsätzlich für weiche, dünne Stoffe feine, spitze Nadeln, für grobe Stoffe entsprechend dickere Nadeln nehmen. Sie werden schnell die für Sie ideale Nadel-Nummer herausfinden.
Für fadengebundenes Sticken immer stumpfe Nadeln verwenden.

Stickrahmen
Der Stickrahmen verhindert ein Zusammenziehen und Verrutschen des Gewebes beim Sticken. Für kleinere Motive nehmen Sie den runden Stickrahmen. Er besteht aus zwei dünnen hölzernen Ringen unterschiedlichen Durchmessers, zwischen die der Stoff gespannt wird. Großflächige Stickereien werden in einem verstellbaren viereckigen Rahmen ausgeführt.

Grundsätzlich sollte das Stickmotiv in der Mitte des Rahmens liegen.
Die meisten Arbeiten in diesem Buch wurden frei aus der Hand gestickt. Finden Sie selbst heraus, ob Sie lieber mit oder ohne Rahmen sticken.
Tip: Beim Einspannen des Stoffes darauf achten, daß Längs- und Querfäden rechtwinklig zueinander liegen.

Stickscheren
Zwei Scheren sollten unbedingt zu ihrer Ausrüstung gehören: eine kleine, spitz zulaufende Schere zum Abschneiden und eventuellen Wiederauftrennen des Stickgarns und eine mittelgroße Stoffschere mit geraden Schneideflächen.
Tip: Mit den Stick- bzw. Stoffscheren grundsätzlich nur Textilien schneiden.

Bügeleisen und Wasserzerstäuber
Nach vollendeter Arbeit sieht Ihre Stickerei meist ziemlich unansehnlich aus. Der Stoff ist zerknittert, die Vorzeichnung stellenweise noch zu sehen. Waschen Sie deshalb die Stickerei – je nach Stoffart und Stickgarn vorsichtig von Hand oder in der Waschmaschine. Nach dem Trocknen die Stickerei anfeuchten, mit der Oberseite nach unten auf ein weiches Tuch legen und von der Rückseite bügeln. Wählen Sie die Temperatur nach Stoffart.

Übertragen der Motive auf den Stoff

Auf Stoffe mit glatter Oberfläche – wie Seide, Baumwolle und Batist – können Sie das Motiv direkt aufzeichnen oder durchkopieren. Für strukturierte Stoffe wie Frottee, Strick und Samt nehmen Sie Organza zu Hilfe. Beide Techniken werden im folgenden erklärt. Grundsätzlich müssen Sie die auf Stoff oder Organza übertragene Zeichnung mit einem Fixativ-Spray fixieren, damit sie beim Sticken nicht verwischt.

Einfache Durchzeichnung
Durchsichtige Stoffe mit glatter Oberfläche können Sie direkt auf die Motivvorlage legen. Zeichnen Sie die Konturen mit einem Graphitstift nach.

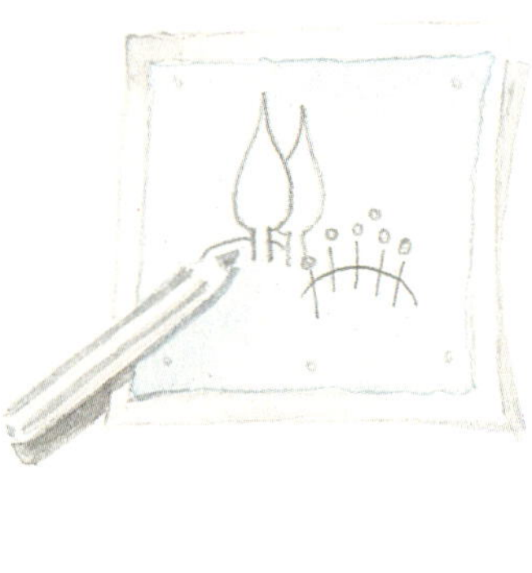

Durchkopieren
Übertragen Sie das Stickmotiv auf Transparentpapier, fixieren Sie mit ein paar Stecknadeln das Transparentpapier auf dem gut gebügelten Stoff, und schieben Sie vorsichtig ein Kopierpapier (Schneider- oder Schreibmaschinenkopierpapier) dazwischen. Pausen Sie mit Kugelschreiber oder Bleistift das Motiv durch.

Organza-Methode
Auf flauschige, hochflorige Stoffe müssen Sie Organza-Gewebe heften. Achten Sie darauf, daß der Organza groß genug ist: Er muß gut in den Stickrahmen passen und die gleiche Spannung wie der Stoff im Rahmen haben.
Das Stickmotiv auf den Organza durchkopieren, wie zuvor beschrieben. Nach Beendigung der Stickarbeit den Organza mit einer scharfen Schere rund um das Stickmotiv herum abschneiden und die einzelnen, noch sichtbaren Fäden vorsichtig mit einer Pinzette herausziehen.

Motive aufbügeln
Viele Motive gibt es auf sogenannten Bügelbogen (erhältlich in Handarbeits- und Bastelgeschäften). Beachten Sie die Gebrauchsanweisung genau.
Im allgemeinen macht man zuerst eine Bügelprobe auf dem Stoff, den man besticken möchte. Legen Sie dafür den Bügelbogen mit der beschichteten Seite nach unten auf den Stoff und decken Sie ihn mit Seidenpapier ab. Die Bügeltemperatur der Stoffart entsprechend einstellen und kurz über das Seidenpapier bügeln. Ist die Probe gelungen, das Motiv mit gleicher Temperatur und Bügeldauer aufbügeln.

Vergrößern und Verkleinern

Übertragen Sie Ihre Vorlage auf Transparentpapier, und zeichnen Sie über das Motiv ein Karoraster aus waagerechten und senkrechten Linien. Die Abstände zwischen den Linien müssen gleich sein. Die Querlinien am Rand mit Buchstaben, die Längslinien mit Zahlen versehen.

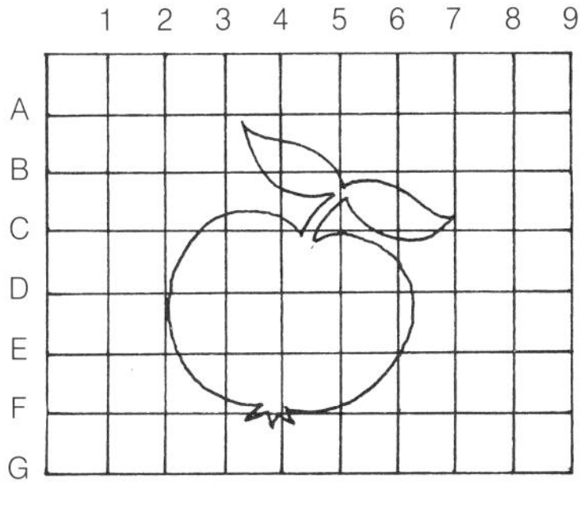

Auf einem zweiten Transparentpapier ein Raster mit derselben Linienzahl anlegen. Hier aber den Abstand zwischen den Linien vergrößern oder vermindern – je nachdem, ob Sie Ihr Motiv vergrößern oder verkleinern möchten. Jetzt zeichnen Sie das Motiv entsprechend der Vorlage in das neue Raster. Achten Sie darauf, daß die neue Zeichnung das Raster an den gleichen Linien schneidet wie in der Vorlage.

Sie können natürlich auch mit dem Diaprojektor eine Vorlage auf den straff gespannten Stoff projizieren. Vergrößern oder verkleinern Sie das Motiv, indem Sie die Zoomoptik Ihres Projektors oder die Entfernung zwischen Projektor und Stoff verändern. Das Bild mit einem Graphitstift nachzeichnen.
Eine dritte Möglichkeit: Manche Schreibwarengeschäfte haben Kopiergeräte, die vergrößern und verkleinern können. Das vergrößerte oder verkleinerte Motiv muß anschließend noch auf Transparentpapier übertragen werden.

Verdoppeln und Vervierfachen

Auf Tüchern, Tischdecken, Kissen und Kleidern erzielen Sie eine schöne Wirkung, wenn Sie Ihr Motiv symmetrisch, also spiegelbildlich vervielfältigt anlegen. Das gilt besonders für Umrandungen, Bordüren und Rapporte, deren spezieller Effekt in der Wiederholung oder Aneinanderreihung des Motivs liegt.
Ornamente und Blumenranken z. B. wirken auf diese Weise sehr harmonisch.

Probieren Sie es doch einmal mit der Kürbisranke (Seite 34) aus!
Ein Transparentpapier so falten, daß es zweimal genau halbiert wird. Das Papier auffalten: Es sind vier Viertel entstanden. Auf das linke untere Viertel das Motiv übertragen. Jetzt die rechte Hälfte des Papiers über die linke legen und das Motiv nochmals durchzeichnen. Das Motiv auf dem Transparentpapier hat sich verdoppelt – und zwar spiegelbildlich.
Wenn Sie jetzt die obere Hälfte Ihres Transparentpapiers auf die untere falten und das verdoppelte Motiv nochmals durchzeichnen, haben Sie Ihr Motiv vervierfacht.
Ganz von selbst hat sich so aus einem einzelnen Eckmotiv eine schöne Umrandung – z. B. für ein Kissen – entwickelt.

Grafisches Muster

Tiefes Himmelsblau, leuchtende Sterne und ein paar kräftige Farbflächen als Kontrast fügen sich zu einer Traumwelt zusammen.
Je nach Lichteinfall schimmern bestimmte Stickflächen auf.

Stickstiche:
Plattstich, ineinandergreifender Plattstich, Knötchenstich
Stickgarn:
Sticktwist in den Farben Blaugrün, Blaugraugrün, Grüngrau, rötliches Violett, bläuliches Violett, Tomaten- und Weinrot, kräftiges Türkis, mittleres und helles Blautürkis
Stoff:
weiße Atlasseide

Ausarbeitung:
Das Bild ist in Originalgröße abgebildet.
Fertigen Sie sich zuerst eine Stichlagenskizze an. Außerdem benötigen Sie eine Farbskizze des grafischen Musters. Beide Zeichnungen liegen während der Arbeit vor Ihnen und erleichtern Ihnen so die Stichanordnung und die Farbauswahl.
Den Hintergrund mit einfädigen Plattstichen und ineinandergreifenden Plattstichen ausfüllen. Sterne, Punkte und grafische Formen ebenso sticken. Zum Schluß setzen Sie dreifädige Knötchenstiche auf die Hintergrundstickerei.

Rock und Jacke aus Jeansstoff

Mit wenigen Stielstichen legen Sie feinen Glanz auf das grobe Jeansgewebe.

Stickstiche:
Stielstich
Stickgarn:
Sticktwist in den Farben Goldgelb, Weinrot und Türkis
Stoffmalfarbe:
Gold

Ausarbeitung:
Achten Sie beim Kauf des Stoffes auf klare, einfache Muster, die sich leicht konturieren und frei fortsetzen lassen.
Mit der goldenen Stoffmalfarbe einige Motive des Stoffes ausmalen. Die trockene Farbe von links einbügeln.
Einzelne Motivteile des Stoffes mit Stielstichen hervorheben. Der innere Teil wird mit Türkis, der äußere mit Gelb einfädig gestickt. Den Mittelteil zweifädig in Weinrot sticken. Der Mittelteil besteht aus zwei nebeneinanderliegenden Stielstichreihen.

Teilweise Motive in nur einer Farbe nachsticken. Dabei ebenfalls ein- und zweifädig arbeiten und am Ende Doppelreihen sticken.
Sie können auch auf einfarbige Stoffe ein freies Muster malen. Für dunkle Stoffe deckende Stoffmalfarben verwenden. Nach dem Einbügeln das Muster mit Stielstichen in einer Kontrastfarbe ausarbeiten.
Stoffe mit Streifen oder geometrischen Mustern lassen sich auch sehr schön mit Maschinenrapporten (Creative 1471: Sternenstich 42, Kästchenstich 68, Kringelranke 96) individuell gestalten.

Kürbisranke

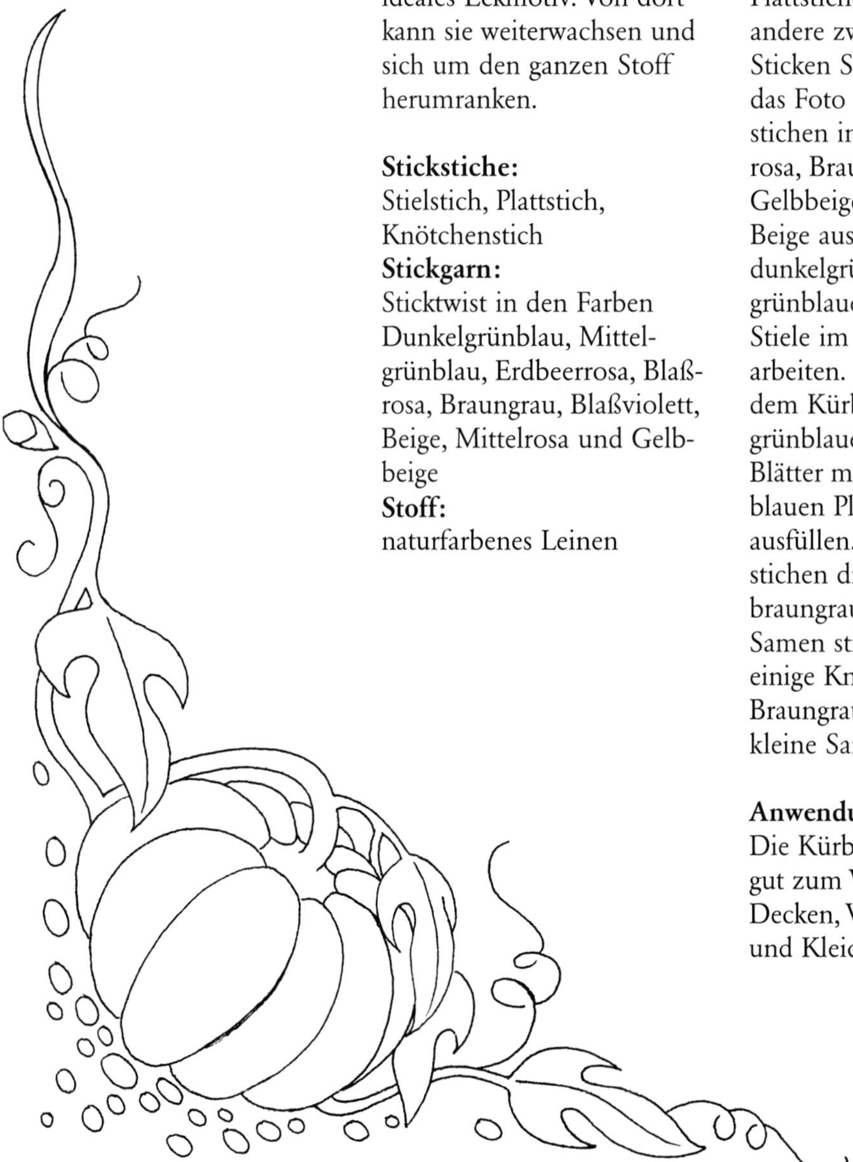

Die Kürbisranke ist ein ideales Eckmotiv. Von dort kann sie weiterwachsen und sich um den ganzen Stoff herumranken.

Stickstiche:
Stielstich, Plattstich, Knötchenstich

Stickgarn:
Sticktwist in den Farben Dunkelgrünblau, Mittelgrünblau, Erdbeerrosa, Blaßrosa, Braungrau, Blaßviolett, Beige, Mittelrosa und Gelbbeige

Stoff:
naturfarbenes Leinen

Ausarbeitung:
Plattstiche einfädig, alles andere zweifädig sticken. Sticken Sie den Kürbis, wie das Foto zeigt, mit Plattstichen in Erdbeerrosa, Blaßrosa, Braungrau, Blaßviolett, Gelbbeige, Mittelrosa und Beige aus. Der „Knopf" ist dunkelgrünblau. Die dunkelgrünblauen Ranken und Stiele im Stielstich ausarbeiten. Das Blatt, das auf dem Kürbis liegt, mit mittelgrünblauen, alle übrigen Blätter mit dunkelgrünblauen Plattstichen ausfüllen. Mit blaßrosa Stielstichen die Knospe und mit braungrauen Plattstichen die Samen sticken. Setzen Sie einige Knötchenstiche in Braungrau und Blaßrosa als kleine Samen ein.

Anwendung:
Die Kürbisranke eignet sich gut zum Verzieren von Decken, Vorhängen, Kissen und Kleiderpassen.

Blätterkleid

Der Herbstwind wirbelt bunte Blätter durch die Luft.

Stickstiche:
Plattstich
Stickgarn:
Sticktwist in den Farben Mittelgrau, Hell-, Mittel- und Dunkelaubergine, Mittel- und Dunkelgoldoliv, helles Blaugrau

Ausarbeitung:
Das Blatt ist in Originalgröße abgebildet. Alle Blätter mit einfädigen Plattstichen ausfüllen.
Den Stiel in Mittelgrau, danach das Blatt von oben nach unten in Dunkelaubergine, Dunkelgoldoliv, Hellaubergine, hellem Blaugrau, Mittelgoldoliv und Mittelaubergine aussticken.
Drehen Sie das Motiv immer wieder und lassen Sie es über den Rocksaum „fliegen".

ALS PAPA FORT WAR
MAURICE SENDAK

Landschaften mit Bäumen

Die kleinen Bilder sind mit der Nadel gemalt. Knötchenstiche eignen sich besonders gut für die vielen Blätter der Bäume.
Die fertigen Nadelmalereien können aufgezogen und dann gerahmt werden.

Stickstiche:
Plattstich, ineinandergreifender Plattstich, Knötchenstich, Stielstich, Spannstich

Zwei Bäume auf der Blumenwiese

Stickgarn:
Sticktwist in den Farben Braun, Anthrazit, helles und dunkles Olivgrün, Tannengrün und Rosa

Ausarbeitung:
Die Plattstiche einfädig, alles andere zweifädig sticken. Sticken Sie die Wiese in den Olivtönen mit ineinandergreifenden Plattstichen; dabei überwiegend den helleren Ton verwenden. Lassen Sie die Stiche nach oben hin unregelmäßig auslaufen, um eine natürlichere Wirkung zu erzielen. Die braunen Baumstämme im Stielstich sticken, dann die Kronen in Tannengrün mit Knötchenstichen ausfüllen. Hier überwiegt der dunkle Ton. Zum Schluß rosafarbene Blümchen im Knötchenstich in die Wiese setzen und drei Vögel im Spannstich in Anthrazit sticken.

Birke am Bach

Stickgarn:
Sticktwist in den Farben Blaugrün, mittleres und helles Schilfgrün, Hellblau, Mittelblau, Türkisblau, helles Olivgrün, Weiß und Braun

Ausarbeitung:
Den Hintergrund im Plattstich einfädig, die Krone im Knötchenstich zweifädig sticken. Arbeiten Sie die Wiese mit ineinandergreifenden Plattstichen in Blaugrün und den beiden Schilftönen. Ebenso das Wasser, in Mittelblau und Türkisblau, sticken. Beim hell- und mittelblauen Himmel darauf achten, daß die Plattstiche an der Oberkante eine exakte Linie bilden. Der weiß-braune Baumstamm wird quer gearbeitet. Zum Schluß die olivgrüne Krone im Knötchenstich sticken.

Bäume in der Heide

Stickgarn:
Sticktwist in den Farben Hellblau, Türkis, dunkles Flieder, Braun, Tannengrün, Olivgrün und Schilfgrün in drei Farbtönen

Ausarbeitung:
Knötchen- und Stielstiche zweifädig, Plattstiche einfädig sticken. Füllen Sie die schilfgrüne Wiese und den blauen Hintergrund im Plattstich aus. Die braunen Baumstämme im Stielstich einsetzen, dann die Baumkronen mit Knötchenstichen sticken. Der rechte Baum bekommt eine Krone aus mittlerem und dunklem Schilfgrün, die beiden linken Kronen sind jeweils in Tannen- und Olivgrün gestickt. Zum Schluß die fliederfarbene Heide wie abgebildet im Knötchenstich einarbeiten.

Bäume im Herbst

Stickgarn:
Sticktwist in den Farben Braun, Tannengrün, Rostorange und Schilfgrün in drei verschiedenen Farbtönen.

Ausarbeitung:
Plattstiche einfädig, Stiel-und Knötchenstiche zweifädig arbeiten. Die Wiese im Plattstich in den drei Schilfgrüntönen ausfüllen. Darauf achten, daß die Stiche an den Oberkanten eine exakte Linie bilden. Im Stielstich die braunen Baumstämme, im Knötchenstich die Kronen in Rostorange und Tannengrün arbeiten. Lassen Sie einige rostorangefarbene Knötchen in die Wiese „fallen“.

Käferkleid

Gut beschirmt auf allen Wegen
krabbeln kleine Käfer durch den Regen...
Ein fröhliches Kleid für Regen- und Sonnentage.

Sticksstiche:
Plattstich, ineinandergreifender Plattstich, Stielstich, Knötchenstich
Stickgarn:
Sticktwist in den Farben Rot, Gelb, Schwarz, Grauviolett und in verschiedenen Blau-, Rosa- und Altrosatönen

Ausarbeitung:
Die Schirmstöcke, Beinchen und Fühler zweifädig im Stielstich sticken. Füllen Sie die Schirmchen, Schuhe und die Körper der Käfer mit Plattstichen und ineinandergreifenden Plattstichen einfädig aus.
Mit zweifädig gestickten Knötchenstichen die Schirmränder auflockern.

Zum Schluß Stielstich-Kreise und Knötchenstiche, zweifädig gearbeitet, zwischen die Käferchen streuen.
Kreise und Knötchen könnten Sie auch mit der Nähmaschine (Creative 1471: Stiche 88 und 85) ausführen.

Baum mit Vögeln

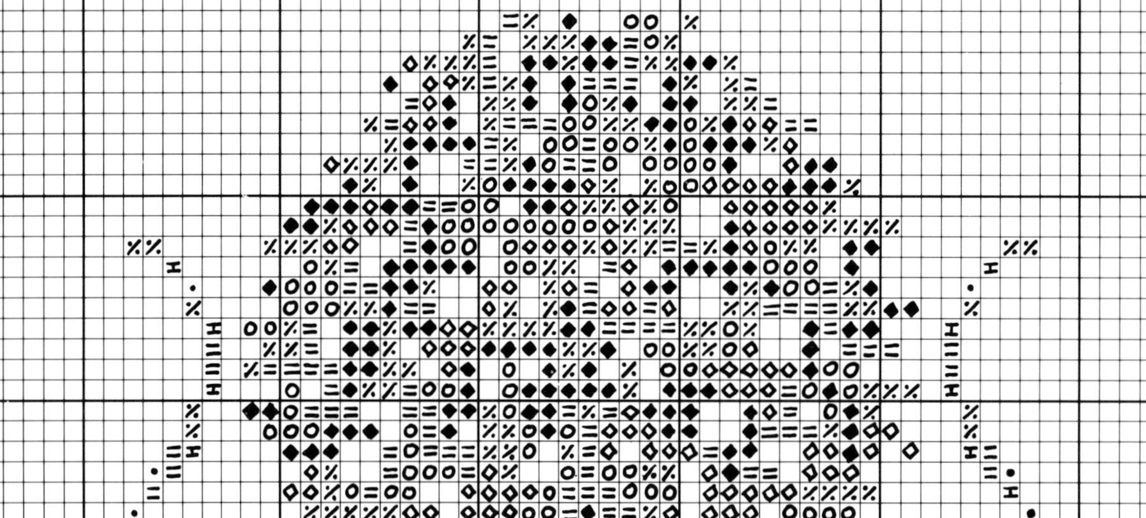

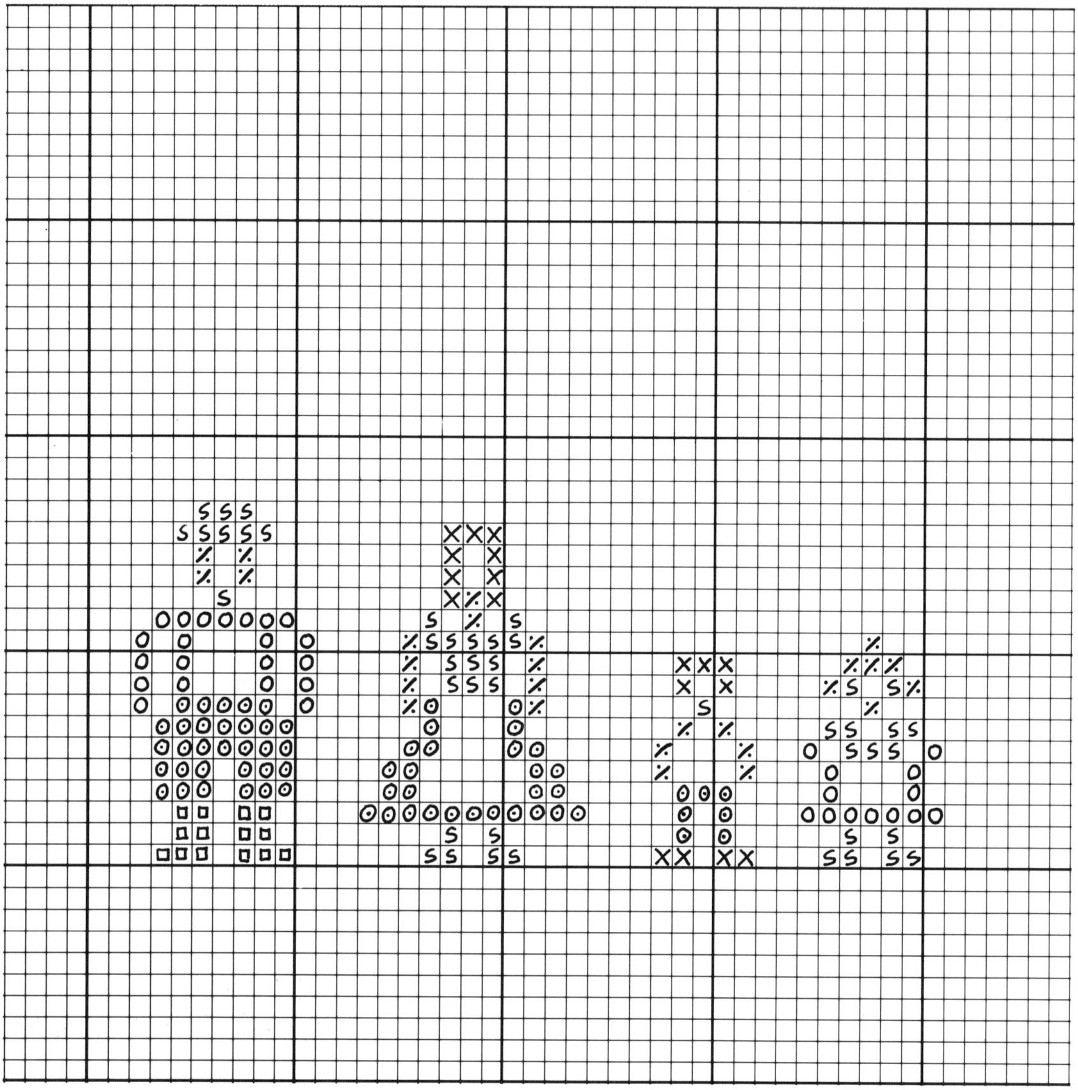

Bauernfamilie

Diese kleine Bauernfamilie stellt sich gern für Sie in Positur auf allen zählbaren Geweben.

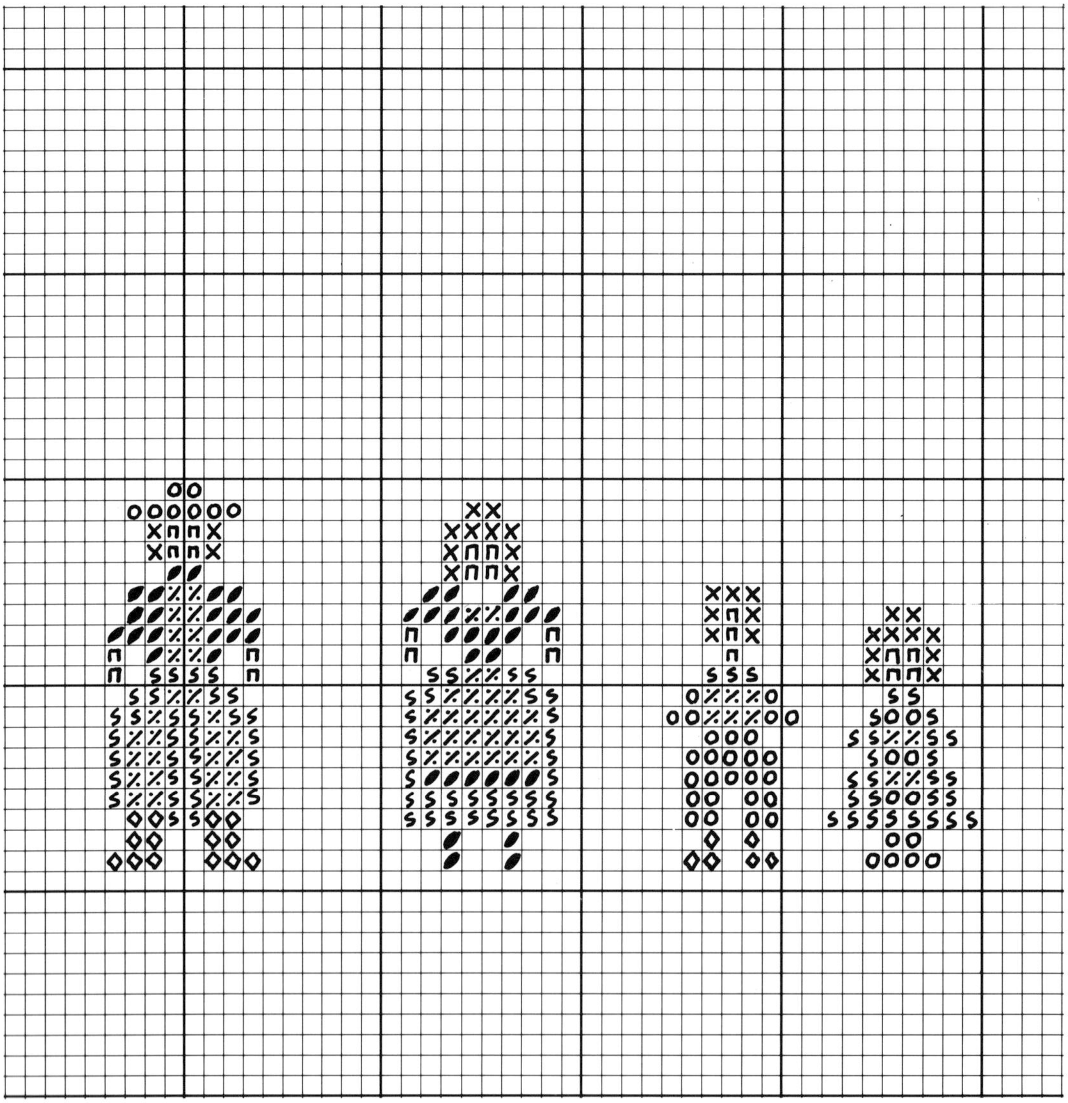

Bauernfamilie im Sonntagsstaat

Einige kleine Veränderungen, und schon verwandelt sich der bäuerliche Arbeitsdrillich in eine Festtagstracht. Klar, daß so geschmückt die Gesichter vor Stolz leicht erröten.

Blütenbaum

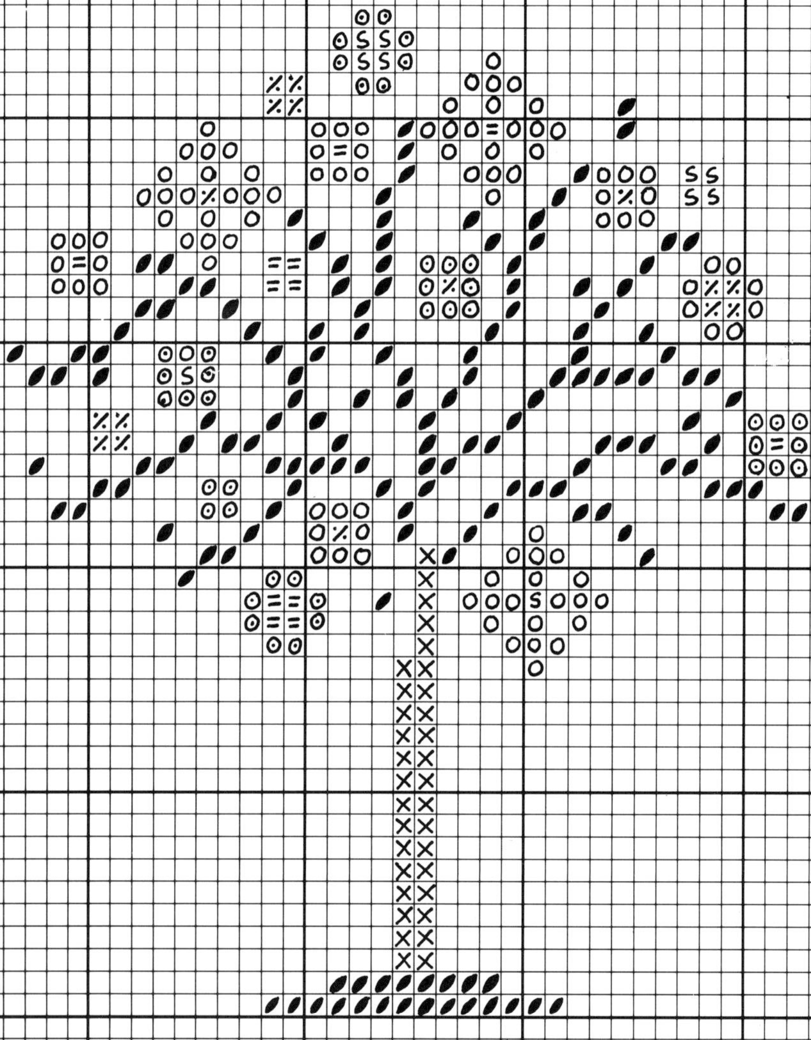

Blumentopf

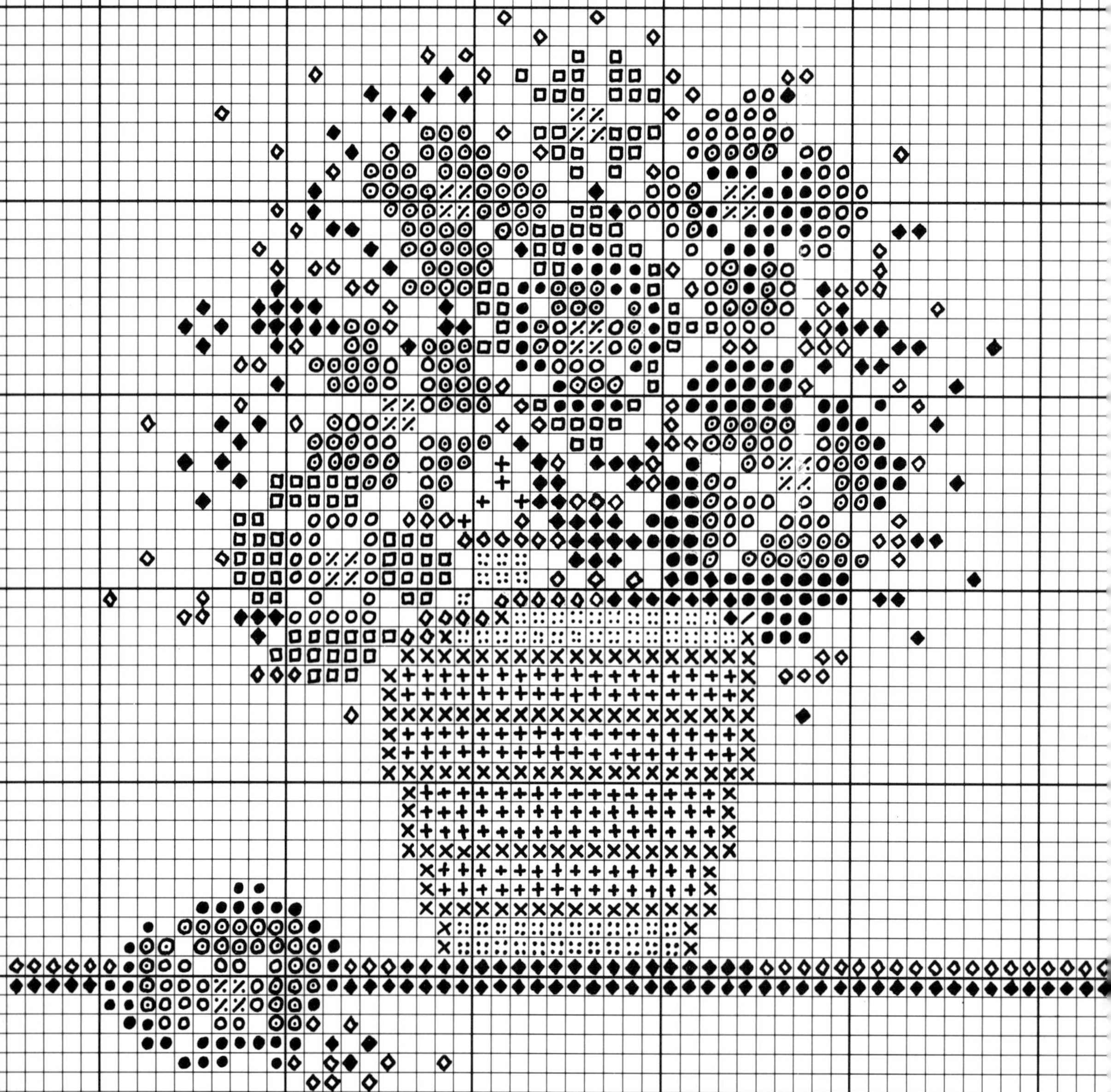

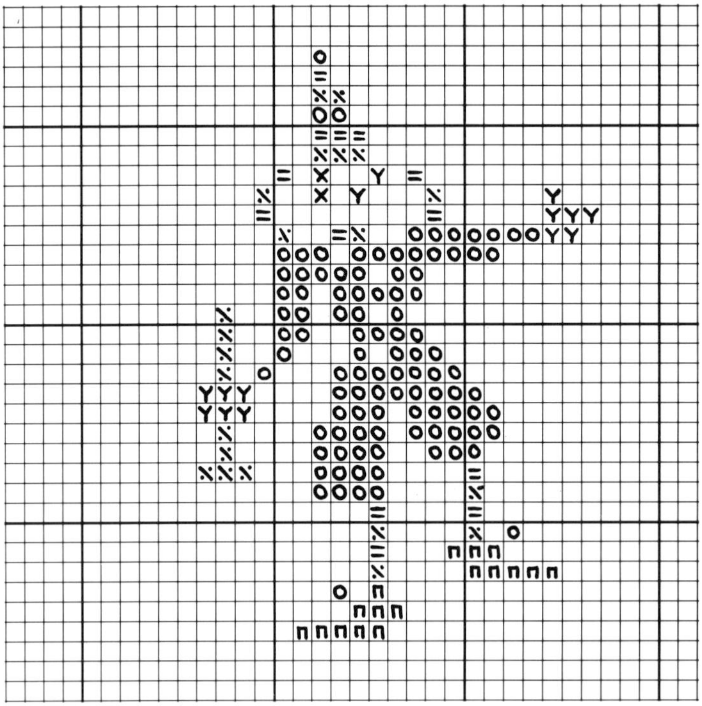

Zirkuswelt

Manege frei! Clowns und Elefanten laden ein.
Auf den folgenden Seiten sehen Sie, wie auf einer Tischdecke eine fröhliche Zirkuswelt entsteht.

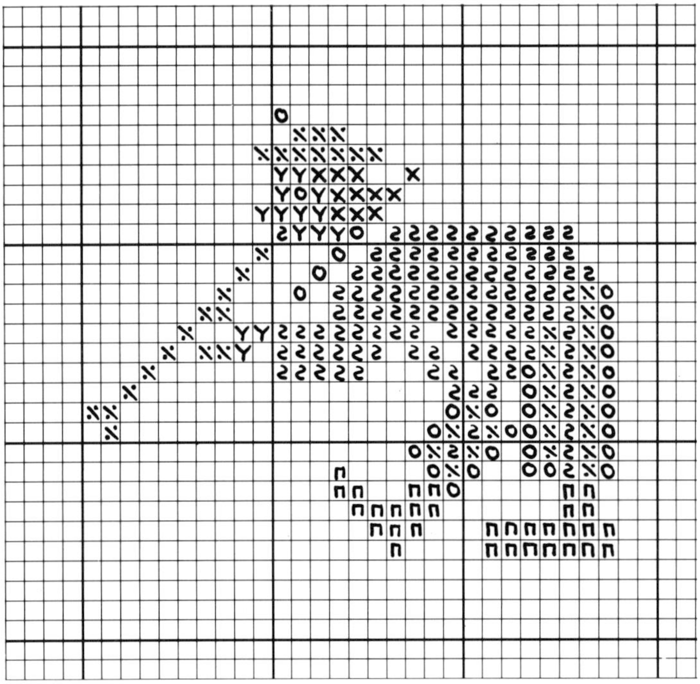

Clowns

In frechen, fröhlichen Farben treiben die Clowns ihre Späße.
Allein oder zu zweit verbreiten sie überall gute Laune.

Elefant

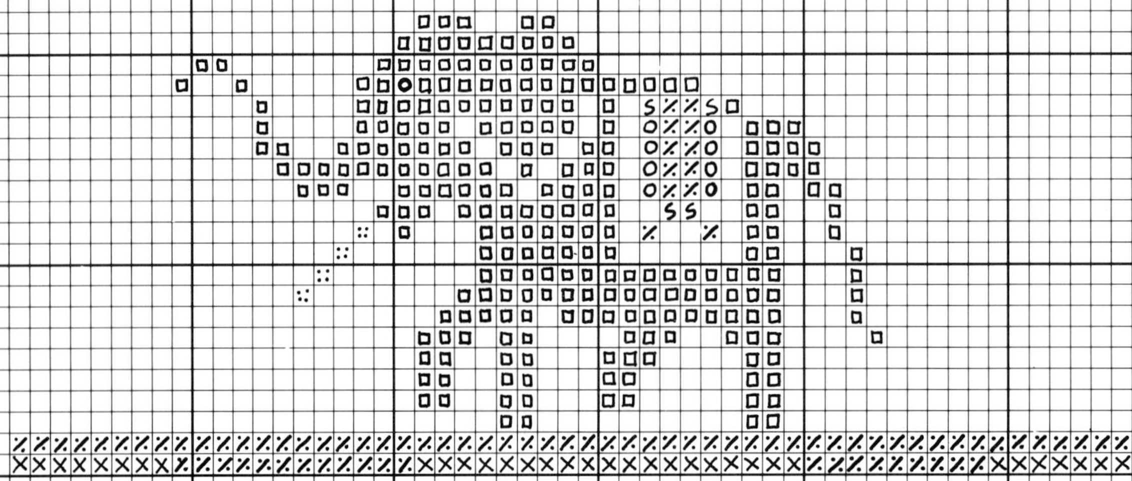

Zirkuszelt

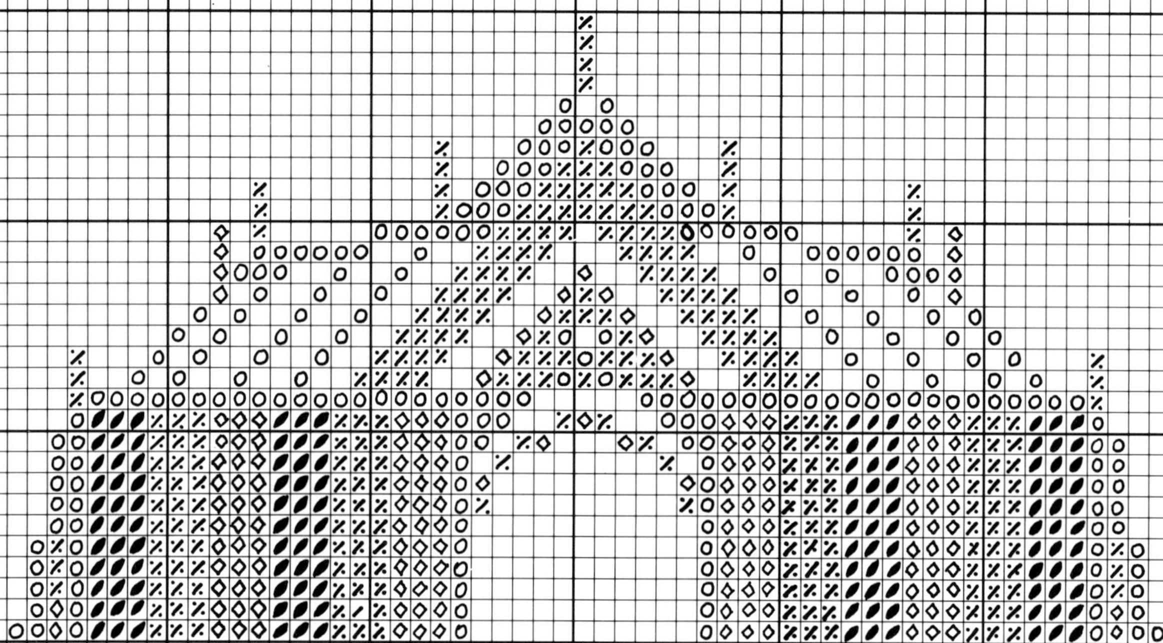

Segelschiff

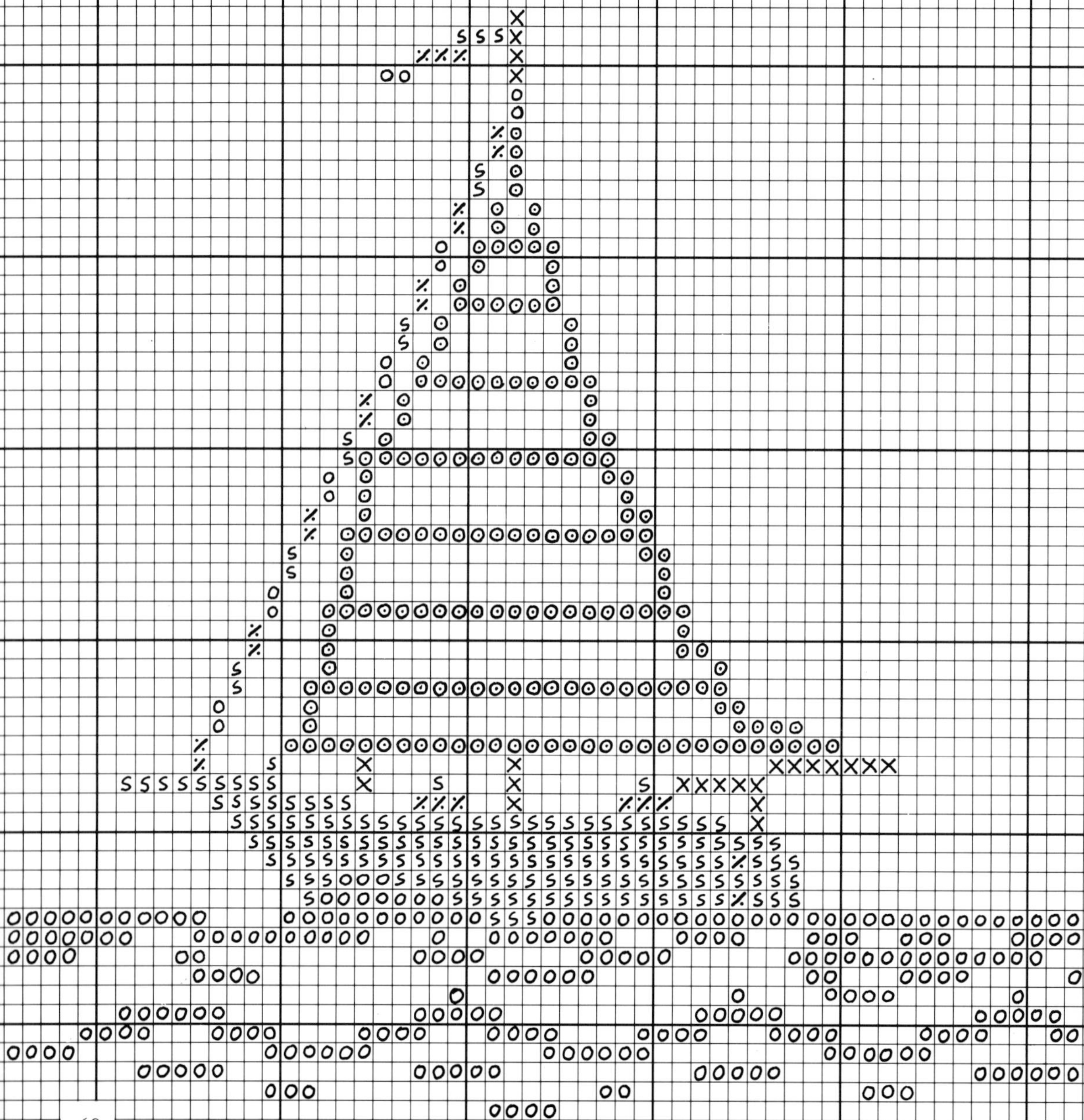

Sticken mit

der Nähmaschine

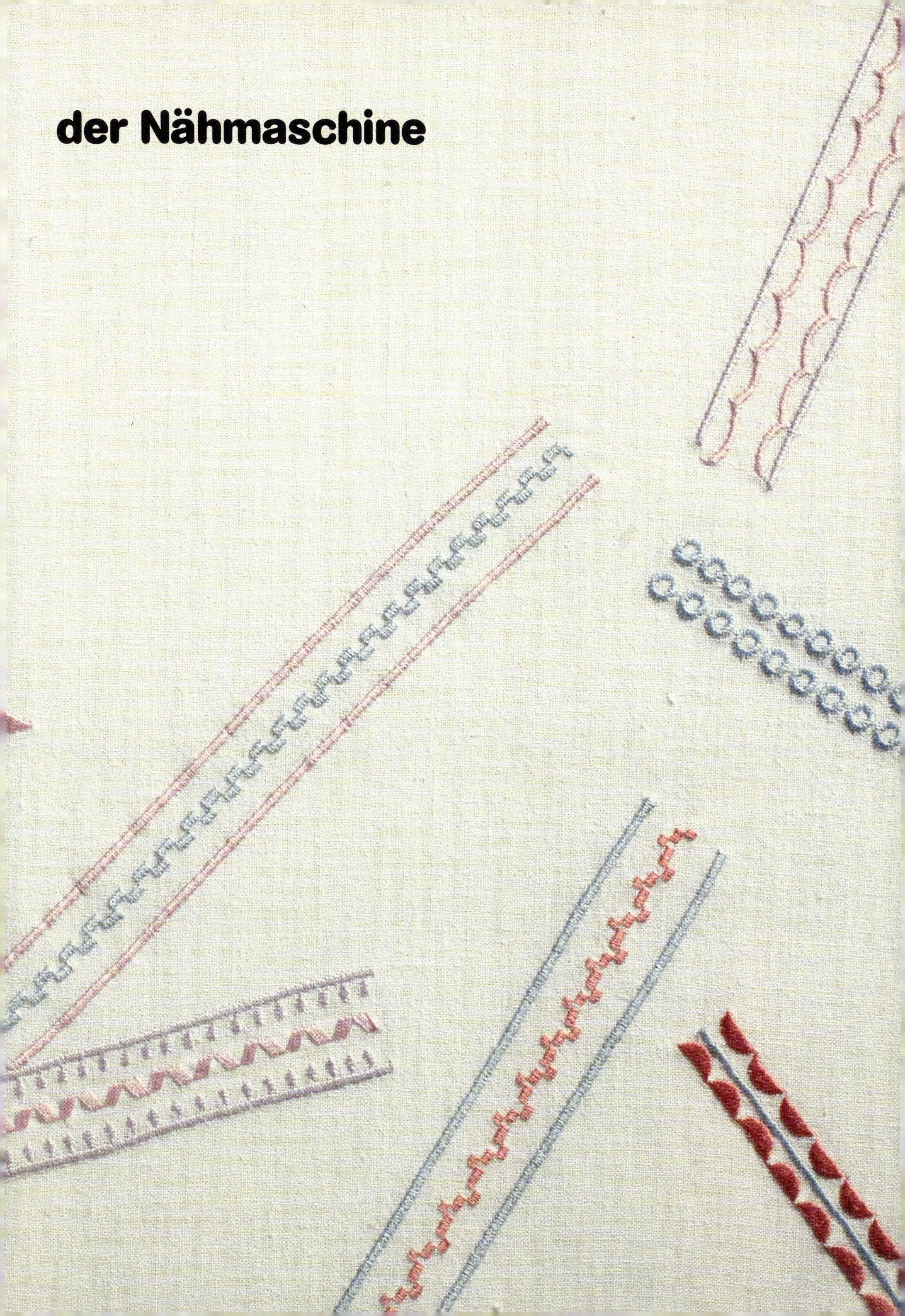

Vor allem Bordüren, Umrandungen und große Decken können Sie sehr gut mit der Nähmaschine sticken. Der Vorteil ist, daß Sie in relativ kurzer Zeit eine schöne Stickerei anlegen können. Sticken können Sie mit jeder Nähmaschine im Zickzack- und Steppstich (Geradstich). Fast alle Maschinen verfügen außerdem über zusätzliche Nutzstiche, die als Zierstiche einsetzbar sind. Stellen Sie sich ein kleines Mustertuch Ihrer Zier- und Nutzstiche her. So sehen Sie, welche Möglichkeiten Sie haben und wie die fertige Stickerei später wirkt. Dies ist für Ihre Entwürfe wichtig.
Durch Aneinanderreihung verschiedener Rapporte, die Sie in unterschiedlichen Farbstimmungen variieren können, erzielen Sie schöne Effekte. Sticken Sie solche Variationen ebenfalls auf ein kleines Mustertuch.

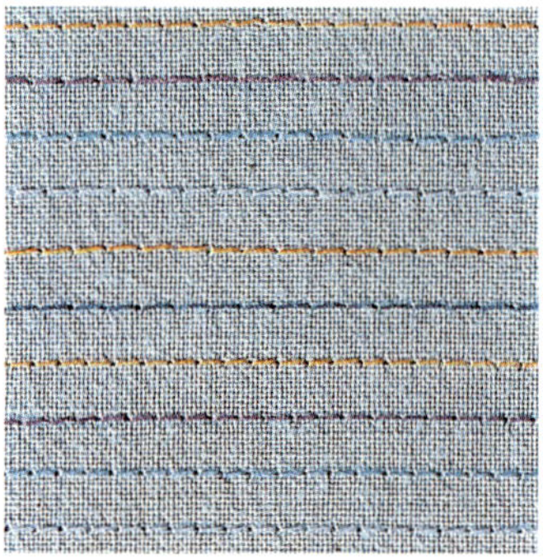

Steppstich

Der Steppstich oder Geradstich ist ein Nutzstich, den Sie zum Aufsteppen von Bändern verwenden können. Farblich variiert, bekommt er eine schöne Zierstich-Wirkung, wie das Foto oben deutlich zeigt.
Sie können Steppereien auch auf mit Watte oder Vlies unterlegten Stoffstücken ausführen, um eine besonders plastisch strukturierte Oberfläche zu erhalten.

Zickzackstich

Ein weiterer Nutzstich ist der Zickzackstich, den Sie vom Versäubern her kennen. Durch unterschiedliche Stichlängen und -breiten sowie durch Farbvariationen bietet auch er gute Möglichkeiten als Zierstich. Das Foto oben zeigt Ihnen nur eine von vielen Einsatzmöglichkeiten des Zickzackstichs.
Mit einem eng eingestellten Zickzackstich können Sie breite Linien sticken, die wie zarte Bänder wirken.

Applikation

Bei der Applikation findet ebenfalls der Zickzackstich Verwendung. Die Applikation wird mit engen, schmalen Zickzackstichen ausgeführt: Ein ausgeschnittenes, mit Vlieseline unterlegtes Stoffstück nähen Sie sorgfältig mit eng eingestelltem Zickzackstich auf einen Grundstoff.
Je nach Stoffdicke und Qualität müssen Sie die Stichlänge und -breite einstellen. Machen Sie vor Beginn der Arbeit eine kleine Nähprobe.
Alle mit der Maschine gearbeiteten Stickereien in diesem Buch wurden mit der Creative 1471 von Pfaff ausgeführt.

Grundkenntnisse

Beim Sticken mit der Nähmaschine müssen Sie unbedingt ein gleichmäßiges Nähtempo einhalten. Nähen Sie nicht ruckartig. Fangen Sie langsam an zu nähen und verlangsamen Sie allmählich das Nähtempo, wenn Sie aufhören wollen. Es empfiehlt sich, auf einem kleinen Stoffrest zuerst das für Sie ideale Tempo auszuprobieren. Üben Sie auch das Ab- und Ansetzen, um unnötiges Auftrennen bei der Stickerei zu vermeiden. Je nach Stoffdicke müssen Sie die Stichlänge und -breite wählen. Die richtige Sticheinstellung stellen Sie bei einer Nähprobe schnell fest. Meist muß die Oberfadenspannung zum Sticken um eine bis eineinhalb Nummern loser eingestellt werden. Testen Sie vor Beginn die richtige Einstellung: Der Stoff muß sich leicht transportieren lassen. Unter den Stoff wird ein Seiden- oder Durchschlagpapier gelegt, das Sie nach dem Sticken vorsichtig entfernen.

Entwürfe mit der Nähmaschine

Um einen Entwurf herzustellen, sollten Sie zunächst eine Probe anfertigen. Wie Sie die Ziersticke Ihrer Nähmaschine für Ihre Entwürfe verwenden können, erfahren Sie in diesem Kapitel.

Vom Zierstich zum Rapport

Nähmaschinen haben meist verschiedene Zierstiche, die sich als Rapporte eignen. Ein Rapport ist ein Mustersatz, den man aneinandersetzen kann und der dann ein sich ständig wiederholendes Bild ergibt. Jeder Rapport setzt sich aus vielen einzelnen Zierstichen zusammen.

Bordüre aus einem Rapport

Um eine schöne, breite Bordüre zu erhalten, werden mehrere Reihen eines Rapports aneinandergesetzt (siehe auch Seite 75). Die Bordüre wirkt lebendiger, wenn Sie auf feine Farbabstufungen achten.

Bordüre aus verschiedenen Rapporten

Bei der Kombination verschiedener Rapport-Reihen zu einer Bordüre achten Sie darauf, daß sich ein einheitliches Gesamtbild ergibt. Die einzelnen Rapporte dürfen sich nicht gegenseitig „erschlagen". Probieren Sie auf einem Stoffstück die Wirkung der verschiedenen Kombinationsmöglichkeiten aus, ehe Sie sich für Ihre Bordüre entscheiden. Einige Kombinationsmöglichkeiten sehen Sie auf Seite 67 und beim Trägerkleid auf Seite 77.

Kombination verschiedener Rapporte

Mit der Creative 1471 können Sie auch verschiedene Rapporte innerhalb einer Reihe miteinander kombinieren und somit einen völlig neuen Rapport zusammenstellen. Sticken Sie hierfür einfach immer zwei oder mehrere Rapporte im Wechsel.

Musterumkehr

Musterumkehr bedeutet, daß sich ein Rapport innerhalb einer Reihe immer dreht, also spiegelbildlich gestickt wird. Sie haben mit der Musterumkehr der Creative 1471 eine weitere, sehr interessante Variationsmöglichkeit der Rapporte.

Streumuster

Rapporte, die sich aus Einzelmotiven zusammensetzen, zum Beispiel aus lauter Kreisen oder Punkten, eignen sich gut als Streumuster. Ein Beispiel hierfür sehen Sie auf Seite 130/131.

Die mit der Nähmaschine angefertigten Stickereien wurden mit der Pfaff Creative 1471 gestickt. Die Creative 1471 ist „computergesteuert" und verfügt dadurch über zahlreiche Programmöglichkeiten:
Gerad-, Zickzack- und Nutzstichprogramm
Stickstichprogramm
Kreuzstichprogramm
Hohlsaumprogramm
Handarbeitsprogramm
Alphabet- und Zahlenprogramm
Alle Modelle und Vorlagen ab Seite 64 wurden mit der Creative 1471 genäht. Aus Platzgründen ist es nicht möglich, die Programme der Kreuzsticharbeiten von Seite 76 bis 87 vorzustellen. Sämtliche Programme sind zu beziehen bei:

Pfaff-Nähmaschinen
Gritznerstraße 11
7500 Karlsruhe

Im folgenden sehen Sie eine kleine Auswahl der Zierstiche. Alle Nummern beziehen sich auf die Programme der Creative 1471:

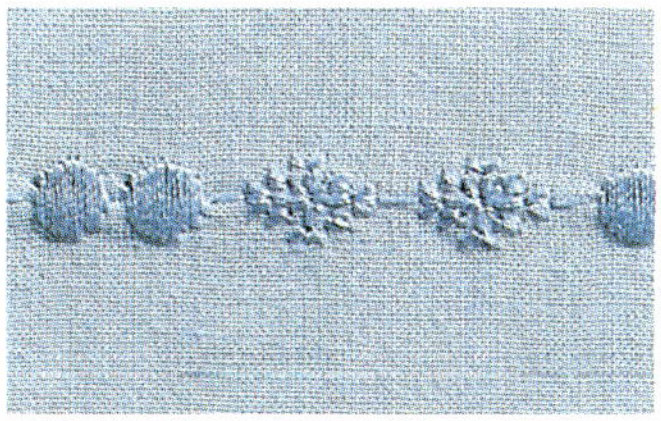

Je 2 Punktestiche 85 und Kristallstiche 55 (Kombination)

1 Sonnenstich 88 und 2 Sternchenstiche 54 (Kombination)

Linienstich mit Punkten 58, mit Musterumkehr genäht

Bändermotiv 90

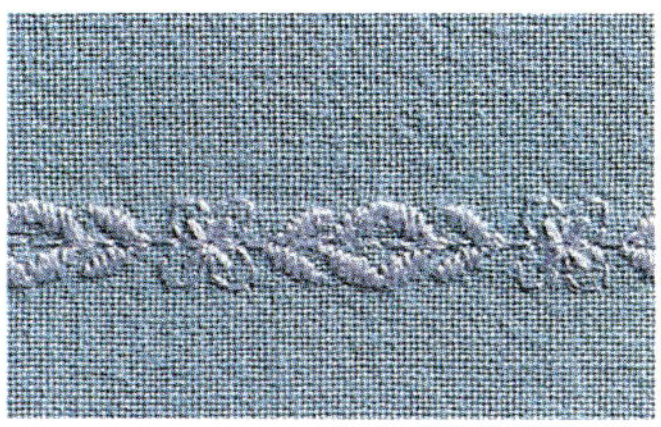

Blütenblättermotiv 97

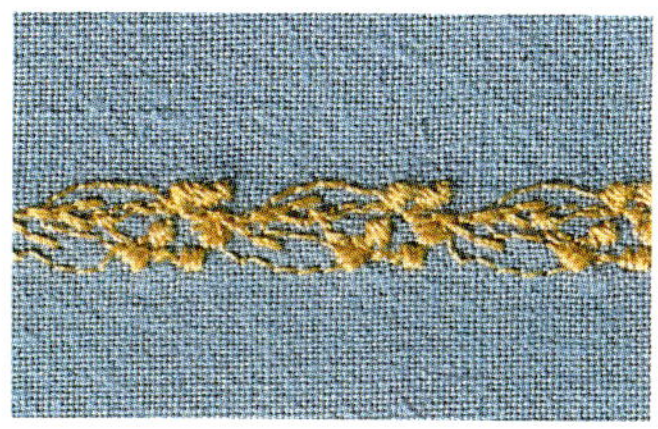

Kleiner Rankenstich 94

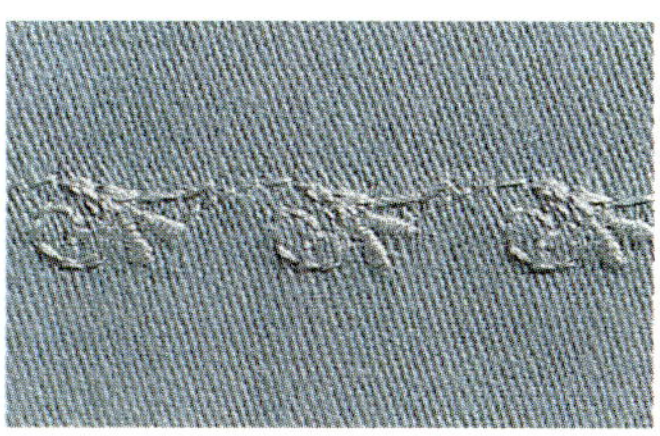

Kringelranke 96

Wellenstich 98, mit Musterumkehr genäht

Handwerkszeug

und Materialien

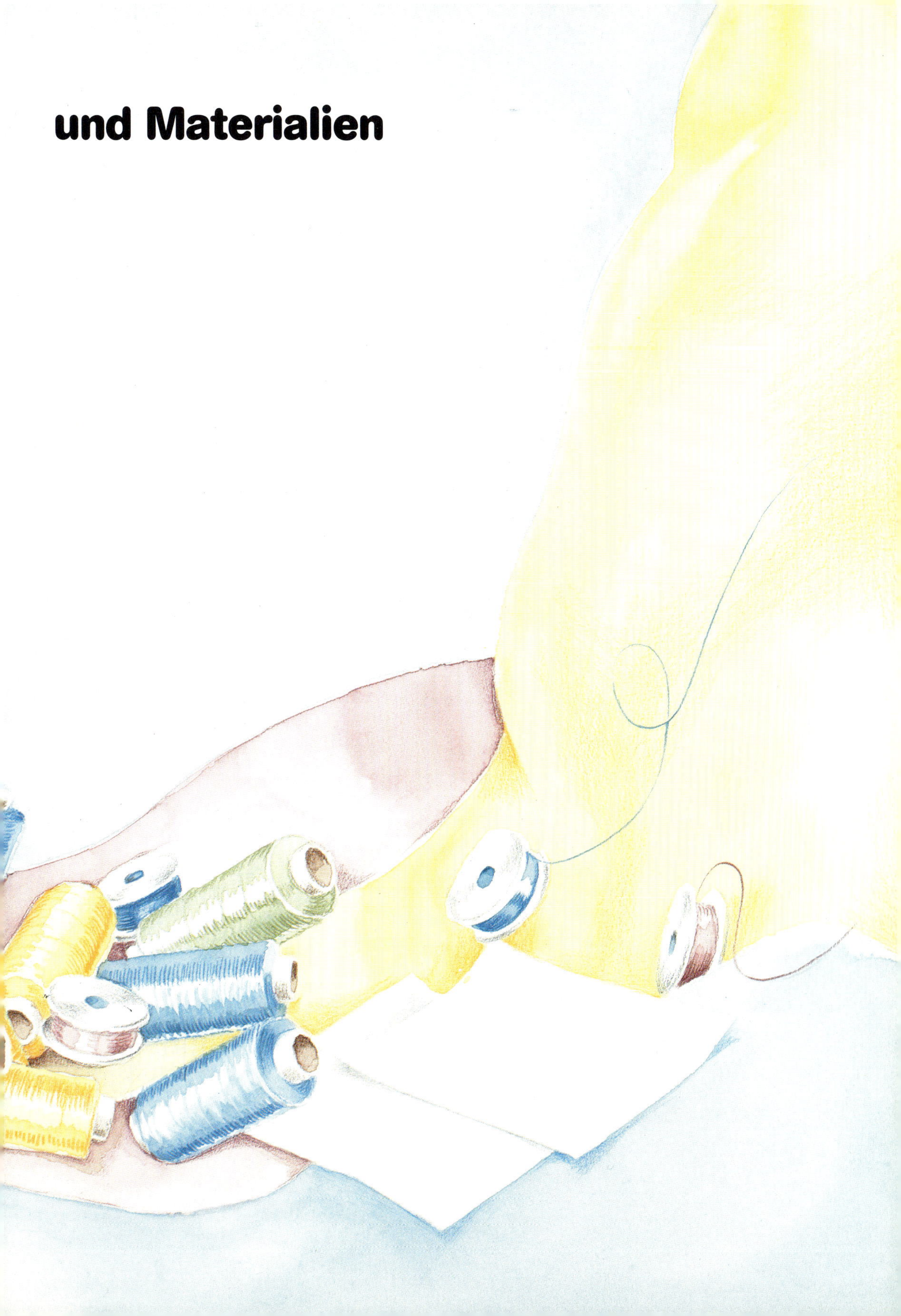

Einige Grundkenntnisse über Ihr Handwerkszeug werden Ihnen die Arbeit wesentlich erleichtern.

Stoffe

Stickereien können Sie grundsätzlich auf allen Stoffen anlegen. Baumwollstoffe, reine Seiden, Damaste, Flanell, Leinen und Wollstoffe eignen sich allerdings besonders gut. Experimentieren Sie mit unterschiedlichen Stoffen – eine Stickerei auf Samt oder Velours kann sehr reizvoll wirken. Sticken Sie jedoch nicht auf besonders lockeren Geweben, da sich diese sehr leicht verziehen.

Stickgarne

Verwenden Sie zum Sticken spezielles Maschinenstickgarn. Die Arbeiten in diesem Buch wurden mit Maschinen-Stickgarnen von MEZ ausgeführt, die es in einer breiten Farbskala gibt. Die Stickgarne bestehen aus 100 % Baumwolle und sind kochecht.

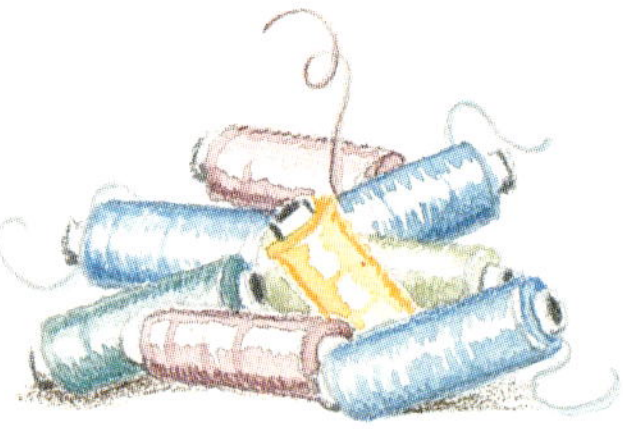

Für die Stickereien in diesem Buch wurde auch die Maschinen-Stickkunstseide „Alcazar“ von MEZ verwendet. Dieses bewährte Stickgarn aus hochglänzendem Viscose-/Rayongemisch gibt es ebenfalls in einer breiten Farbskala. „Alcazar“ ist auch als Stickgarn mit in sich wechselnden Farbtönen erhältlich. Mit diesem Faden erzielt man bei einfachen Rapporten eine sehr schöne Wirkung (siehe Tischdecke auf Seite 124/125).
Wichtig: Verwenden Sie niemals Maschinen-Stickkunstseide, wenn die Arbeit später eingefärbt werden soll, da der Faden die Farbe nicht oder nur sehr schlecht annimmt.
Auch hier sind wieder bewußt keine Farbnummern angegeben.

Nadeln

Vor Beginn der Stickarbeit sollten Sie immer neue, dünne Nadeln einsetzen.

Spulen

Legen Sie sich einen Vorrat von Spulen an, damit Sie nicht während der Arbeit umspulen müssen. Vor Beginn der Stickerei die gewünschten Farben aufspulen. Sie erleichtern sich die Arbeit zusätzlich, wenn Sie Spule und Garnrolle einer Farbe immer zusammen in einem kleinen Kästchen aufbewahren.

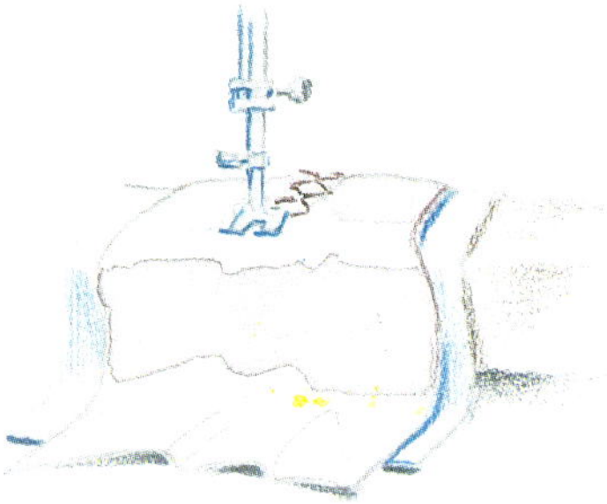

Seiden- und Durchschlagpapier

Damit sich die Stickerei nicht verzieht, wird Seiden- oder Durchschlagpapier unter den Stoff gelegt und mit angenäht. Nach vollendeter Arbeit das Papier vorsichtig und sorgfältig entfernen.

Lineal und Bleistift

Achten Sie darauf, daß Ihr Lineal sauber ist. Mit einem weichen Bleistift zeichnen Sie mit feinem Strich die geraden Führungslinien für den jeweiligen Rapport ganz exakt vor.

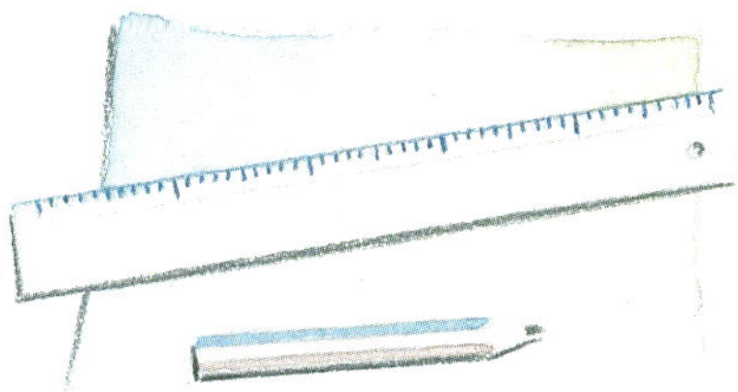

Waschen und Bügeln

Ihre fertige Stickerei sieht häufig nicht sehr gut aus: Bleistiftlinien sind noch sichtbar, der Stoff ist stark zerknittert. Waschen Sie deshalb Ihre Arbeit. Dies kann, je nach Stoffart und Stickgarn, in der Maschine oder vorsichtig von Hand geschehen. Die trockene Stickerei wieder anfeuchten und von links bügeln. Stellen Sie die Bügeltemperatur entsprechend der Stoffart ein.

Gebrauchsanweisung

Lesen Sie die Gebrauchsanweisung Ihrer Nähmaschine genau durch. Es empfiehlt sich, schwierige Stiche und Anweisungen auf einem Stoffrest zu üben. Kommen Sie mit einer Funktion nicht zurecht, berät Sie sicher gerne Ihr Fachgeschäft.

Seidenkissen

Die aufgesteppten Seidenbänder verleihen diesen Kissen eine elegante Note. Die Kissen wirken dank ihres schlichten Designs ebensogut auf Großmutters Sofa wie in modernen Wohnlandschaften.

Stickstiche:
Steppstich
Stickgarn:
farblich passende Nähseide
Stoff:
Crêpe de Chine; fertige Kissengröße 40 x 40 cm

Ausarbeitung:
An zwei 5 cm breiten und 42 cm langen Seidenbändern jeweils 1 cm Nahtzugabe an den Längskanten nach links umbügeln. Auf das 42 x 42 cm große Kissenvorderteil das erste Band 10 cm von einer Kante entfernt aufheften und anschließend feststeppen. Das zweite Band ist 12 cm von der Kante entfernt und kreuzt das erste. Auch hier erst heften, dann steppen.
Kissenvorder- und -rückenteil mit 1 cm Saumbreite zusammennähen.

Rapporte auf Bluse

Die Menge macht's! Wählen Sie aus dem Programmangebot Ihrer Nähmaschine einige Rapporte mit ähnlicher Wirkung aus und sticken Sie diese in zarten, auf den Stoff abgestimmten Farben.

Wählen Sie für eine Borte in Handstickerei Ihre Lieblingsstiche aus. Ein Vorschlag: Mit Kettenstich, Hexenstich, Stielstich und Sternstich, genau in dieser Reihenfolge gearbeitet, erzielen Sie eine sehr schöne Wirkung.

Stickstiche:
Bogenmotiv 63, Rautenmotiv 64, Punktestich 85 oder Rapporte mit ähnlicher Wirkung aus dem Programmangebot ihrer Nähmaschine
Stickgarn:
Maschinenstickgarn in den Farben Flieder, Blaßgelb und helles Blaugrau

Ausarbeitung:
Für die Passen zwei Reihen des Bogenmotivs in Flieder arbeiten, dabei die zweite Reihe gegengleich sticken. Nun eine Reihe des Rautenmotivs in Blaßgelb sticken. Arbeiten Sie zwei weitere Bogenmotiv-Reihen, die gegengleich sind, in Flieder. Anschließend eine Reihe des Rauten- und Punktemotivs in Blaugrau nähen. Programmieren Sie die Nähmaschine so, daß sich die beiden Muster stets abwechseln. Für die Ärmelbündchen das Muster über die ersten fünf Reihen nähen.

Trägerkleid

Dieses Trägerkleid ist schnell genäht. Der Schnitt ist ganz einfach. Die zarten Stickereien wurden mit der Nähmaschine gemacht.

Stickstiche:
Bogenmotiv 60, Blütenstich 45, Schneekristall 51, Stäbchenstich 79, grafischer Rapport 56, Linienstich mit Punkten 58, geometrischer Stich 33, Blätterstich 40, Kringelranke 96, Herzchenstich 39, Treppchenstich 67; wählen Sie aus dem Programmangebot Ihrer Nähmaschine Stiche mit ähnlicher Wirkung

Stickgarn:
Maschinenstickgarn in den Farben Blau, Violett, Graublau und zartes Flieder

Ausarbeitung:
Achten Sie bei der Zusammenstellung der einzelnen Rapporte darauf, daß jeder Rapport in sich eine einheitliche Wirkung hat. Für filigrane Rapporte das Stickgarn einen Ton heller, für „schwere" Rapporte einen Ton dunkler als den Grundton des Stoffes wählen. Dadurch erzielen Sie die zarte, fast wie feine Spitze anmutende Wirkung der Stickerei.

Blättern Sie die Stickstiche am Anfang des Buches durch – hier finden Sie sicher viele Anregungen, wie Sie Ihr Trägerkleid auch mit Handstickerei gestalten können.

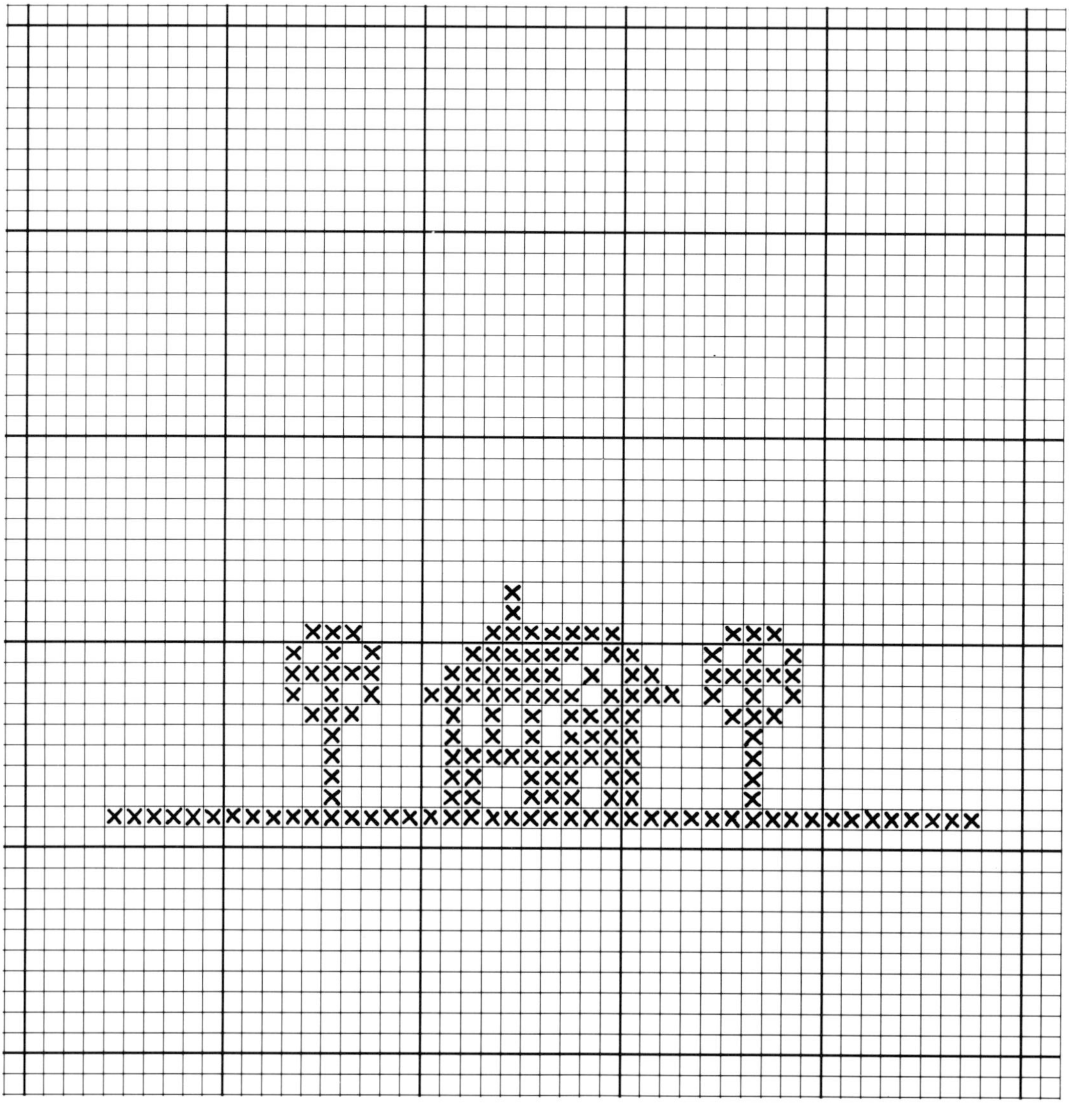

Haus mit Kugelbäumen

Ländlicher Friede liegt über diesem kleinen Bauernhaus. Sie können die Bäume als Rapport zu einem kleinen Wald über den Stoff wachsen lassen.

Früchtebaum

Stickmustertuch mit fünf Rapporten

Die Motive der einzelnen Rapporte lassen sich gut miteinander kombinieren. Sie erhalten so zahlreiche Variationen, die alle zusammenpassen.

Sie wirken gut auf Vorhängen, Tischdecken, Servietten, Kissen, Sets und Kleidern.
Sie können die Motive auch einzeln verwenden.

Blume

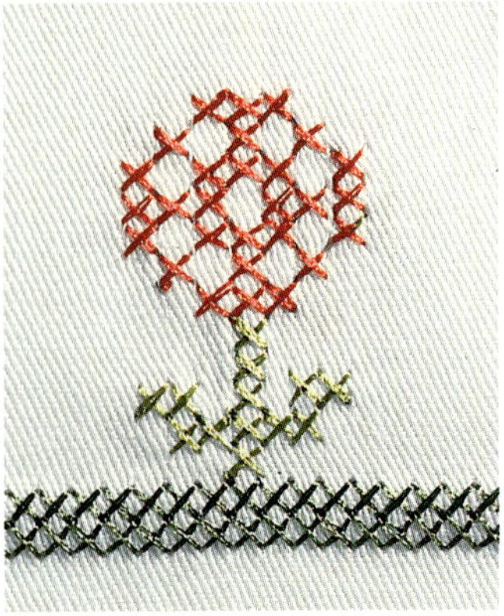

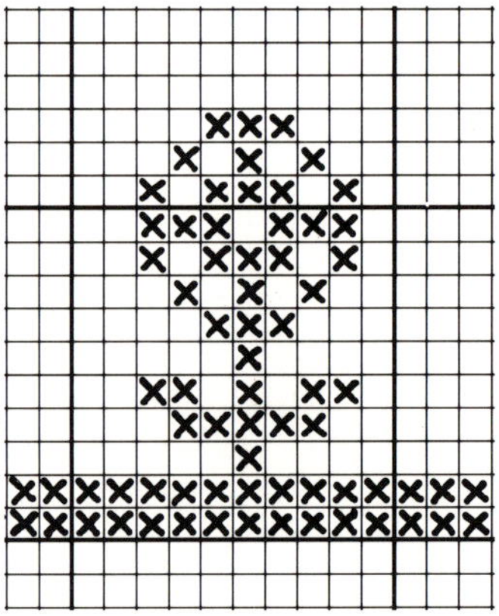

Ente und Tulpe

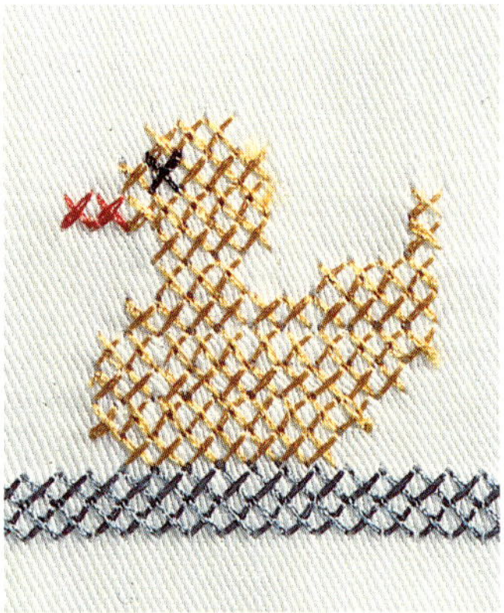

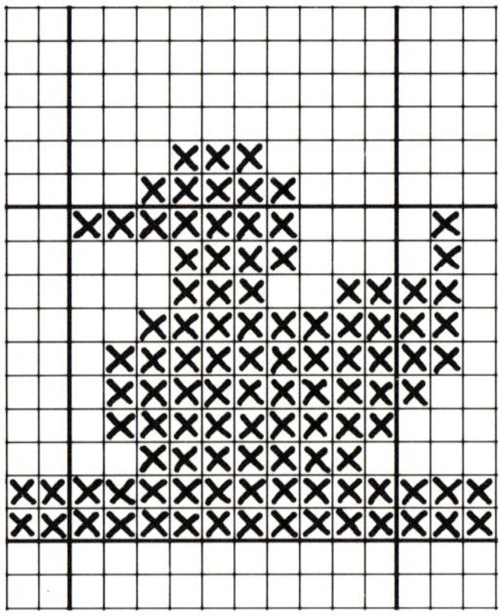

Alle meine Entchen...
Sie schwimmen bevorzugt im Kinderzimmer, auf einem Bettüberwurf oder einem lustigen Vorhang.

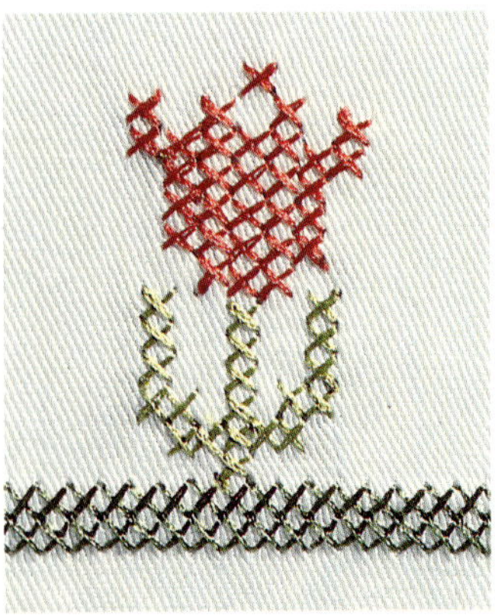

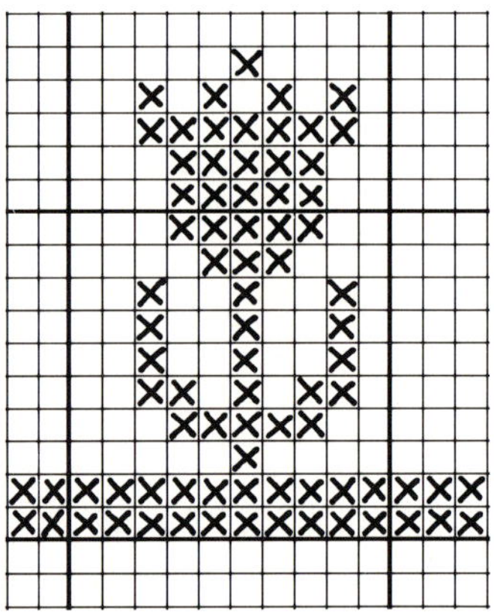

Bunte Blumen blühen auf Tischdecken, Servietten oder Sets – ganz nach Ihren Vorstellungen.

Häschen und Baum

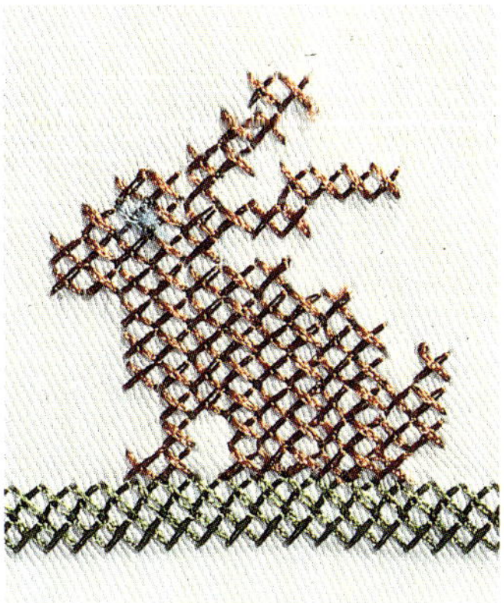

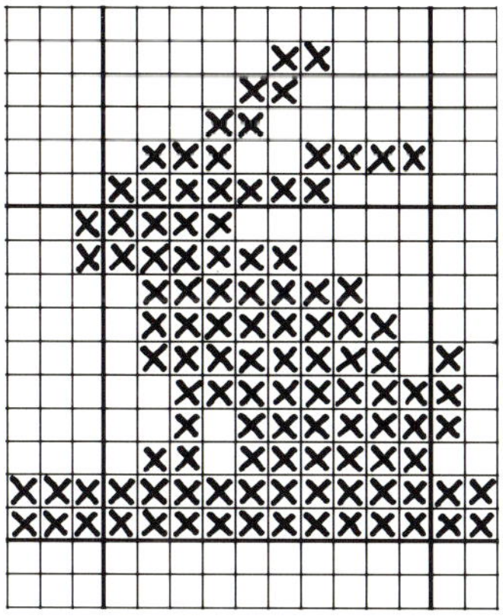

Häschen in der Grube...
Noch ein Motiv fürs Kinderzimmer. Natürlich kann es auch von Hand gestickt werden.

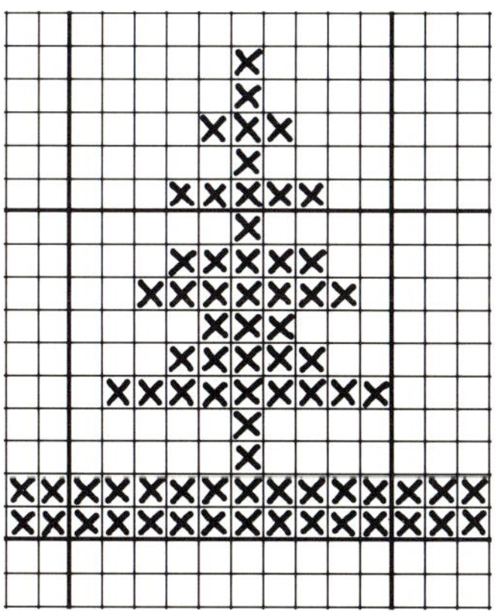

Ein Tannenbaum für drinnen. Dieses Mötiv läßt sich vielseitig verwenden. Sticken Sie doch einmal eine Grußkarte!

Traumschiff

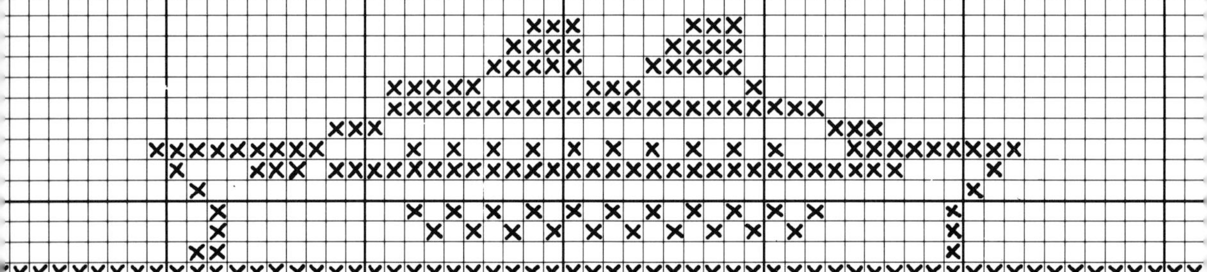

Mischtechniken

Mit einfachen Mitteln starke Wirkungen erzielen – das gelingt Ihnen, wenn Sie Ihre Hand- oder Maschinenstickerei mit Stoffmalerei, Spritztechnik oder Applikationen kombinieren. Auch durch Überfärben entstehen überraschende Effekte. In diesem Kapitel steht, wie es gemacht wird.

Stoffmalerei: Mit Farbe zaubern

Stoffmalerei bereitet keine Schwierigkeiten, wenn Sie Ihr Motiv mit Hilfe einer ausgeschnittenen Schablone „drucken". Dazu übertragen Sie das Motiv mit Transparent- und Kopierpapier auf Fotokarton (siehe Seite 28). Rund um das Motiv sollte ein breiter Rand stehenbleiben, um die Schablone später auf dem Stoff fixieren zu können.

Zum Ausschneiden der Schablone legen Sie den Fotokarton auf eine dicke Unterlage, damit Ihre Arbeitsfläche nicht beschädigt wird. Mit einem Schneide- oder Bastelmesser schneiden Sie alle zu druckenden Teile aus. Die Schablone ist fertig.

Vor dem Bemalen sollten Sie Ihren Stoff waschen.

Viele Stoffe enthalten eine Appretur, die das Eindringen der Druckfarben verhindert. Zum Übertragen der Muster legen Sie den Stoff auf eine Wasser aufsaugende Unterlage, da die Farbe den Stoff durchdringt. Deshalb auch zwischen zwei Stofflagen Zeitungspapier legen. Die Schablone darf während des Drucks nicht verrutschen. Sie muß mit Stecknadeln gut fixiert werden.

Auf einem Teller Farben anmischen. Zu dicke Farben mit etwas Wasser verdünnen und dann mit einem Borstenpinsel aufnehmen. Überschüssige Farben auf einem Stoffrest abstreifen.

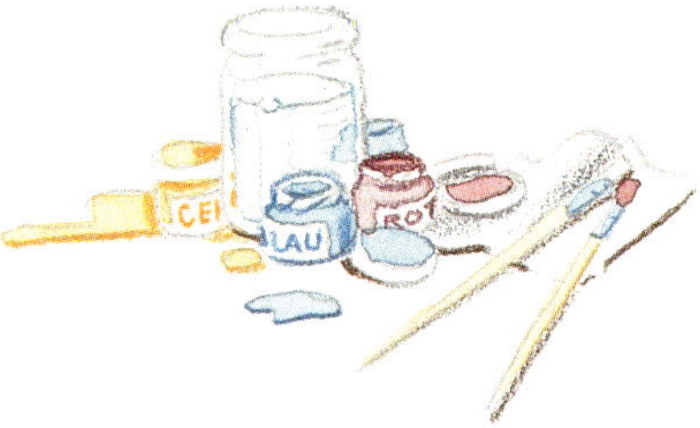

Jetzt tupfen Sie die Stoffmalfarbe in die ausgeschnittenen Flächen der Schablone. Je sparsamer und trockener die Farbe aufgetupft wird, desto feiner und zarter wird der Effekt.

Plastische Wirkungen erzielen Sie, wenn Sie die Fläche nicht gleichmäßig ausfüllen: Tupfen Sie z. B. in der Mitte nur wenig Farbe auf und legen Sie zu den Rändern hin zwei bis drei Farbschichten übereinander. Dabei jede Schicht antrocknen lassen, bevor Sie weiterarbeiten. Mischtöne erhalten Sie, indem Sie zwei verschiedene Farbschichten dünn übereinander legen. Um das Gefühl für die Farben zu bekommen, drucken Sie eine Probe auf einen Stoffrest.

Nach dem Auftupfen die Schablone vorsichtig vom Stoff abheben. Die Farben antrocknen lassen und dann von links in den Stoff einbügeln. Wählen Sie die für den Stoff geeignete Temperatur. Durch das Bügeln wird die Farbe fixiert und ist waschbar bis 60 °C.

Spritzen: Gestalten mit Gefühl

Zum Spritzen benötigen Sie eine Schablone mit dem ausgeschnittenen Motiv, Stoffmalfarbe, eine Zahnbürste und ein flaches Sieb. Fixieren Sie die Schablone auf dem Stoff und decken Sie die freie Fläche um die Schablone herum gut ab.

Mit der Zahnbürste nehmen Sie etwas Farbe auf und streichen mit der Bürste leicht über das Sieb. Spritzen Sie die Farbe zuerst auf das Zeitungspapier, bis sich keine Kleckse mehr bilden. Erst wenn Sie eine gleichmäßig dünne Farbschicht erzielen, spritzen Sie aus mindestens 30 cm Höhe die Farbe auf die Schablone. Je dünner die Farbschichten, um so besser das Resultat. Spritzen Sie mehrere Farbschichten übereinander, bis Sie das gewünschte Ergebnis erzielen.

Überfärben: Farbe verwandelt alles

Es kann schon mal passieren, daß Sie im Überschwang des Guten zuviel getan haben, daß Ihnen die Farben zu grell, die Kontraste zu hart oder die ganze Stickerei zu bunt geraten ist.
Sie müssen deswegen nicht gleich alles wieder auftrennen. Meist können Sie Ihre Stickerei mit einem einfachen Trick retten: dem Überfärben.
Durch Überfärben erreichen Sie die gleiche Wirkung wie bei einer Lasur, d. h. Kontraste werden abgeschwächt, die verschiedenen Farbtöne werden entsprechend der Färbung einander angeglichen, so als hätten Sie sie von vornherein Ton in Ton gestickt. Zum Überfärben wählen Sie den Farbton aus, der in Ihrer Arbeit dominiert. Mit ihm können Sie den farblichen Zusammenhang herstellen.

Doch die Technik des Überfärbens bietet noch weitaus mehr Möglichkeiten:
Ein in Weiß angelegtes Stickmotiv läßt sich wunderbar Ton in Ton mit Farbverläufen einfärben.
Besonders Anfänger werden sich darüber freuen – kann man doch mit einer so einfachen Technik wahre Kunstwerke schaffen.
Natürlich können Sie auch weiße Stickereien mit Farbverläufen in Regenbogenfarben einfärben – was allerdings schon etwas Übung erfordert.
Bei Farbverläufen geht ein Ton immer in den anderen über – es ist keine klare Grenze zwischen den einzelnen Farben bzw. Farbtönen erkennbar.
Wollen Sie Weißstickereien überfärben, müssen Sie von vornherein darauf achten, daß Sie zum Sticken nur Naturfasern verwenden. Dies gilt sowohl für den Grundstoff als auch für das verwendete Stickgarn.

Für das Farbbad lösen Sie in einem Plastikeimer oder einer großen Schüssel Batikfarbe, der Sie Salz beimischen, durch Übergießen mit kochend heißem Wasser auf. Die Mengenangaben entnehmen Sie der Gebrauchsanweisung.

Rühren Sie das Ganze ständig um, damit sich das Pulver vollkommen auflöst. Bevor Sie Ihre Stickerei einfärben, machen Sie mit einem Stoffrest einen Färbetest. Ist der Farbton zu intensiv, geben Sie nach und nach so lange heißes Wasser zu, bis der gewünschte Ton erreicht ist.

Der Stoff muß vor dem Färben naß gemacht werden, damit die Farbe gleichmäßig in das Gewebe eindringen kann. Aus dem gleichen Grund sollten Sie während des gesamten Färbevorgangs den Stoff im Farbbad bewegen.
Die Farbtiefe hängt von der Dauer der Färbung ab. Kontrollieren Sie von Zeit zu Zeit, ob der gewünschte Ton erreicht ist. Nehmen Sie dazu den Stoff aus dem Farbbad und spülen Sie das überschüssige Färbemittel mit klarem Wasser aus. Genauso verfahren Sie nach dem Färben.
Für Farbverläufe, die Ton in Ton gehalten sind, zuerst den gesamten Stoff im hellsten Ton einfärben. Danach den nächstdunkleren Ton färben, indem Sie das Tuch nur bis zur gewünschten Höhe ins Farbbad halten. Bewegen Sie dabei den Stoff ständig, da sonst schnell Ränder entstehen. Vergessen Sie nicht, nach jedem Färbevorgang die Stickerei mit klarem Wasser auszuspülen. Nur so können Sie sicher sein, daß der Stoff auch den gewünschten Farbton erhält.

Für Farbverläufe in Regenbogenfarben müssen Sie immer bedenken, daß durch das Überfärben einer Farbe ein Mischton entsteht.
Auch hier gilt: Nach jedem Farbbad den Stoff mit klarem Wasser gründlich ausspülen.
Nach dem Färben den Stoff trocknen und bügeln. Fertig.

Applikationen: Mit Stoff gestalten

Statt Motive auf den Stoff zu sticken, zu „drucken“ oder zu spritzen, können Sie diese aus Stoff ausschneiden und aufnähen. Das kann sowohl mit der Hand als auch mit der Nähmaschine geschehen. Da die Stoffe übereinander zu liegen kommen, wirkt das applizierte Motiv erhaben und plastisch.

Suchen Sie zuerst die gewünschten Stoffe aus. Am besten legen Sie alle Stoffreste vor sich hin und stellen sie zu einem „Farbbild“ zusammen. Suchen Sie auch die dazu passenden Stickgarne aus.

Das gewünschte Motiv übertragen Sie auf Transparentpapier. Vor allem bei gemusterten Stoffen empfiehlt sich die Herstellung einer Schablone (siehe Stoffmalerei, Seite 90). Mit Hilfe der Schablone können Sie leicht den schönsten Ausschnitt des Stoffes finden.

Damit sich Ihr Motiv beim Aufnähen nicht verzieht, bügeln Sie vor dem Ausschneiden auf die linke Stoffseite Vlieseline.
Das Motiv wird auf den Stoff übertragen, indem Sie entweder die Kontur innerhalb der Schablone nachziehen oder die Vorlage durchpausen. Schneiden Sie das Motiv direkt an den Linien ohne Zugaben aus.

Ordnen Sie Ihre Stoffmotive auf dem Grundstoff an, bestimmen Sie die beste Position, heften Sie die Motive fest und nähen Sie sie dann auf. Dies kann entweder von Hand oder mit der Nähmaschine im Stepp- oder Zickzackstich geschehen. Führen Sie die Stiche so dicht am Rand des Stoffmotives entlang, daß kein Stoff übersteht.

Handwerkszeug

und Materialien

Für die Mischtechniken benötigen Sie einige zusätzliche Materialien.

Stoffmalerei

Stoffe
Verwenden Sie nur Stoffe aus Naturfasern, zum Beispiel Baumwolle, Seide oder Leinen. Mischgewebe nehmen die Stoffmalfarbe häufig nicht oder nur sehr schlecht auf.
Die Stoffe müssen vorher gewaschen werden.

Transparentpapier
Auf die gewünschte Vorlage durchsichtiges Papier legen und die Zeichnung mit einem weichen Bleistift durchpausen.

Fotokarton
Für Ihre Schablone benötigen Sie einen mittelstarken Karton, der mindestens 10 cm größer ist als das Motiv.

Schneidemesser
Mit einem Schneide- oder Bastelmesser, das eine schmale, scharfe Klinge hat, ist das saubere Ausschneiden der Schablone am einfachsten.

Zeitungspapier
Den Stoff vor dem „Druck“ auf eine dicke Lage Zeitungspapier legen, da die Farbe durchdringt und unten liegende Stofflagen oder Arbeitsflächen färbt.

Stecknadeln
Fixieren Sie die Schablone mit Stecknadeln gut auf dem Stoffstück. Die Schablone darf während der Arbeit nicht verrutschen – lieber ein paar Nadeln mehr verwenden.

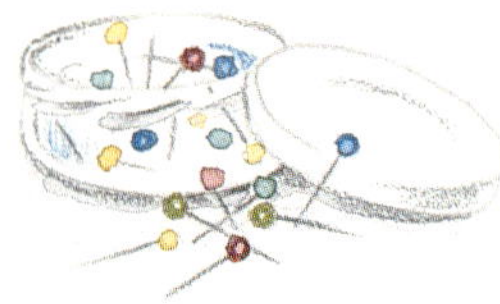

Stoffmalfarbe
Alle Motive dieses Buches wurden mit Stoffmalfarben von Deka gemalt oder gespritzt. Für helle Stoffe verwenden Sie Deka permanent, für dunkle Stoffe Deka deckend.

Borstenpinsel
Im allgemeinen kommen Sie mit einem mittelstarken Borstenpinsel (Nr. 9) und einem feineren Borstenpinsel (Nr. 4) aus.

Überfärben

Stoffe
Für das Überfärben gilt ebenfalls: nur Stoffe aus Naturfasern verwenden (siehe Stoffmalerei). Auch die Stickgarne müssen aus Naturfasern bestehen, da Sie die Farbe sonst nicht aufnehmen.

Textilfarbe und Salz
Textilfarben werden mit Salz zu einem Farbbad angesetzt. Beachten Sie das jeweilige Mischungsverhältnis von Farbe und Wasser sowie die Angabe der Salzmenge auf der Packung.

Plastikeimer
Farbbäder in großen Plastikgefäßen ansetzen. Der Stoff muß sich leicht im Farbbad bewegen lassen. Genügend Farbe ansetzen.

Gummihandschuhe
Ziehen Sie zum Färben Gummihandschuhe an, damit Ihre Hände anschließend nicht in allen Farben schillern. Niemals mit dem Gummihandschuh von einem Bad direkt ins andere greifen. Den Handschuh zuvor mit klarem Wasser gut abspülen.

Applikation

Stoffe
Wählen Sie zuerst den gewünschten Grundstoff aus. Alle anderen Stoffe, die Sie für die Motive verwenden möchten, auf den Hauptstoff legen. So können Sie die Farbwirkung genau kontrollieren.

Vlieseline
Vlieseline gibt es in verschiedenen Stärken. Für Applikationen dünne Vlieseline auf die Stoffreste bügeln und die Motive erst danach zuschneiden. So vermeiden Sie ein Verziehen des Stoffes. Zusätzlicher Effekt: das Motiv wirkt plastischer.

Näh- und Stickgarn
Kaufen Sie zum Applizieren Näh- oder Stickgarn, das zum jeweiligen Stoff paßt. Am besten die Stoffreste zum Kauf mitnehmen. Sie können das Garn auch einen Ton heller oder dunkler oder in einer Kontrastfarbe wählen, um zusätzliche Effekte zu erzielen.

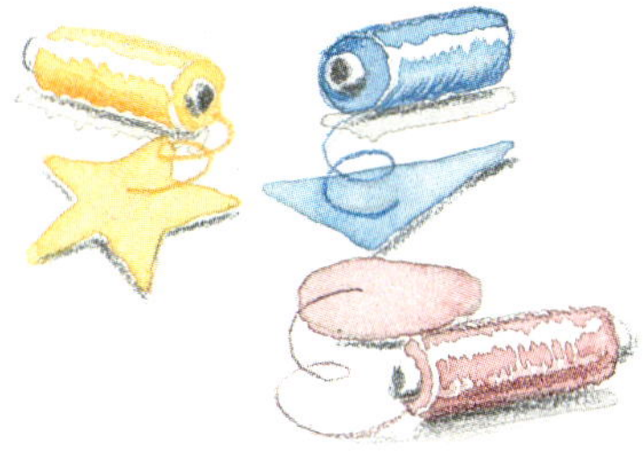

Fotokarton
Es empfiehlt sich, für die jeweiligen Motive Schablonen herzustellen (siehe Stoffmalerei). Sie erleichtern sich damit bei gemusterten Stoffen die Suche nach dem besten Ausschnitt.

Schmetterlinge

Ihre feinen, durchsichtigen Flügel schimmern wie buntes Glas im Sonnenlicht. Je zarter die Farben, um so schöner die Wirkung.
Die großen Motive eignen sich gut für Überdecken und großzügige Dekorationen.

Hand-Stickstiche:
Knötchenstich, Stielstich
Maschinen-Stickstiche:
Punktestich 85, kleiner Rankenstich 94, Blütenstich 45, Spurenstich 34, Kristallstich 55; wählen Sie aus dem Programmangebot Ihrer Maschine filigrane Stiche aus
Stickgarn:
Sticktwist in den Farben Mittelblau, Hellblau, Hellgelb und helles Beigebraun
Maschinenstickgarn in den Farben Weinrot, helles Beigebraun, Goldgelb, Hellgelb und Flieder
Stoffmalfarben:
Blau, Rosé, Gelb und Braun (permanent)
Textilfarben:
Hellblau und Rosé

Ausarbeitung:
Die Außenkontur und die Kontur der Maschinenstickerei abpausen. Wie Sie die Schablone herstellen, und worauf später beim Bemalen des Stoffes zu achten ist, lesen Sie auf Seite 88/89.
Sie benötigen zwei Schablonen: eine Schablone für den Schmetterling ohne Innenteile und eine zweite Schablone, die nur die rechteckigen Innenteile enthält, welche dem 6 mm breiten Rapport der Nähmaschine entsprechen.
Die Innenschablone auf dem Stoff fixieren und drucken. Danach die Außenschablone darüberlegen und ebenfalls ausmalen, dabei teilweise Flächen weiß lassen. Die Farben stets dünn auftragen. Nach dem Trocknen die Stoffmalfarbe von links einbügeln.
Die einzelnen Maschinenrapporte in die Führungslinien der Innenschablone in verschiedenen Farben einnähen (siehe Foto).
Den Schmetterling von Hand fertigstellen: Die mittelblaue Flügelkontur und die beigebraune Körperkontur zweifädig im Stielstich sticken und an die Fühlerenden jeweils ein beigebraunes Knötchen (zweifädig) setzen. Mit dreifädig gestickten Knötchenstichen in Hellgelb und Hellblau die einzelnen Rapporte der Flügel und die Flügelkontur nachsticken und dadurch optisch etwas zusammenziehen.
Die einzelnen Quadrate der Decke und die Kissen mit einem Farbverlauf in Blau und Rosé einfärben (siehe Seite 92 und Seite 100).
Die einzelnen Quadrate sind etwa 40 x 40 cm groß.

Kornblumenkleid

Auf diesem lustigen Kornblumenkleid sind nur die gelben Punkte gestickt. Die Blumen sind mit einer Schablone gemalt.

Hand-Stickstich:
Knötchenstich
Stickgarn:
Sticktwist in Goldgelb
Stoffmalfarben:
Blau, Grün und Braun (permanent)

Ausarbeitung:
Übertragen Sie die originalgroße Kornblume auf Transparentpapier. Wie Sie die Schablone herstellen und worauf bei der Stoffmalerei zu achten ist, lesen Sie auf Seite 90/91. Die Schablone auf dem Stoff fixieren und zuerst die blaue Blüte ausmalen. Legen Sie beim grün-braunen Stiel auch mal zwei Farbschichten übereinander (siehe Seite 90/91). Gestalten Sie jeden Stiel farblich anders (grün-braun). Zum Schluß Knötchen als Streumuster auf das Kleid sticken.

Sie können die gelben Punkte auch mit Stoffmalfarbe aufmalen und eventuell mit einfädigen Stielstichen konturieren. Auch eine Maschinenstickerei kann sehr wirkungsvoll sein (z. B. der Punktestich 85).

Obstrapport

Wie aus Großmutters Zeiten!
Er schmückt alles, was zur Küche gehört:
Tischdecken, Gardinen, Handtücher, Sets und eine Schürzenpasse.

Maschinen-Stickstiche:
Kästchenstich 66 oder ein entsprechender Stich Ihrer Maschine
Stickgarn:
Maschinenstickgarn in Dunkelblau
Stoffmalfarbe:
Blau (permanent)

Ausarbeitung:
Worauf Sie bei der Stoffmalerei achten müssen und wie die Schablone hergestellt wird, sehen Sie auf Seite 90/91. Kopieren Sie den originalgroßen Rapport und stellen Sie eine Schablone her. Das Motiv kann beliebig vergrößert werden. Fixieren Sie die Schablone auf dem Stoff und malen Sie das Motiv aus. Die trockene Farbe von links einbügeln. Ober- und unterhalb des Rapports eine dünne Bleistiftlinie ziehen und jeweils eine blaue Kästchenreihe sticken. Die Creative 1471 arbeitet immer zwei gegeneinander versetzte Kästchenreihen in einem Arbeitsgang. Sie können den Obst-Rapport aneinandersetzen. Er wirkt auf Küchengardinen, Tischdecken, Sets und Servietten besonders attraktiv.
Statt der Kästchenreihe können Sie auch eine handgestickte Bordüre arbeiten. Am Anfang des Buches finden Sie eine Auswahl geeigneter Stickstiche.

Palmenbordüre

Palmen wiegen sich im Wind... auf einem Nachthemd, einem Sommerkleid, auf einer Decke oder einem Kissen. Träumen Sie sich mit der Palmenbordüre in die Südsee.
Laue Nächte, weiße Sandstrände, romantische Musik – Bilder, welche die Alltagssorgen vergessen lassen.

Maschinen-Stickstiche:
Kästchenstich 66 oder ein beliebiger Stich aus dem Angebot Ihrer Maschine
Stickgarn:
Maschinenstickgarn in den Farben Violett, Flieder und Rosé
Stoffmalfarben:
Blau, Grün und Rot (permanent)

Ausarbeitung:
Lesen Sie auf Seite 90/91 nach, wie Sie die Schablone herstellen und worauf bei der Stoffmalerei zu achten ist, bevor Sie mit Ihrer Arbeit beginnen. Stellen Sie eine Schablone Ihres Motivs her. Parallel zum Saum des Kleidungsstückes mit Bleistift eine feine Linie zeichnen. Auf dieser die Schablone ansetzen, gut fixieren und oberhalb der Linie das Motiv dünn aufmalen. In dieser Weise Motive um den gesamten Saum setzen.
Unterhalb der Linie jeweils eine violette, fliederfarbene, roséfarbene und wieder violette Kästchenreihe aufsticken. Die Creative 1471 arbeitet immer zwei gegeneinander versetzte Kästchen in einem Arbeitsgang.

Statt der Maschinenstickerei können Sie auch Bänder auf den Saum des Kleides steppen. Steppstich-, Kettenstich- oder Stielstich-Reihen wirken ebenfalls sehr schön.

Bären, Bären

Die kleinen verspielten Bären werden erst gemalt und dann bestickt.

Hand-Stickstiche:
Stielstich, Knötchenstich, Plattstich, Spannstich
Stickgarn:
Sticktwist in den Farben Braun, Tomatenrot, Goldgelb, Grünblau, Schwarz, Rosé und Beigebraun

Stoffmalfarben:
Goldgelb, Rot, Blau und Braun (permanent)

Ausarbeitung:
Pausen Sie das Motiv durch, und stellen Sie eine Schablone her. Wie das geht und worauf bei der Stoffmalerei zu achten ist, sehen Sie auf Seite 90/91.
Plattstiche einfädig, alles andere zweifädig sticken. Arbeiten Sie zuerst alle Stielstichkonturen: Nachdem die rote Jacke gestickt ist, die obere und die untere T-Shirtkante in Gelb sticken, gelbe Knötchenstiche ergeben die Knöpfe. Drei grünblaue Stielstichreihen dienen als Hosenbund.

Auch die Hose wird mit nur einer Reihe von Stielstichen konturiert. Die blauen Sterne werden im Spannstich gearbeitet, die gelben Söckchen mit drei Stielstichreihen gestickt. Die Schuhe in Rosé, die Sohlen in Beigebraun mit jeweils einer Reihe Stielstich arbeiten. Sticken Sie die Kopfkonturen mit Plattstichen in Braun. Als Augenbrauen jeweils einen Spannstich, für die kleinen Knopfaugen jeweils einen Knötchenstich in Schwarz einsetzen. Die schwarze Nase mit Plattstich sticken und mit Spannstichen ausarbeiten. Zum Schluß den Mund mit einem roten Spannstich andeuten.

Orientalische Stadt

Die Erinnerungen an eine schöne Reise werden bei dieser Stadt aus Tausend-undeiner Nacht wach.
wach.

Hand-Stickstiche:
Knötchenstich, Stielstich, Spannstich
Maschinen-Stickstiche:
Orientalischer Stich 49 und Kästchenstich 68
Stickgarn:
Sticktwist in den Farben Goldgelb, Tomatenrot, Weinrot, Blaugrün, Türkisblau, Hellgelb, Graugrün und Graublau Maschinenstickgarn in Hellblau und in drei verschiedenen Gelbtönen

Stoffmalfarben:
Goldgelb, Weinrot und Blau (permanent)

Ausarbeitung:
Das Motiv vom Foto durchpausen und nach Wunsch vergrößern (siehe Seite 28/29). Wie Sie die Schablone herstellen und worauf Sie bei der Stoffmalerei achten müssen, lesen Sie auf Seite 90/91.
Die Schablone gut auf dem Stoff fixieren. Malen Sie die Details dünn aus. Auf die gelben Dächer rote Schatten setzen. Lassen Sie auch weiße Flächen frei. So wirken die Dächer runder. Beim linken Turm und der rechten Tür wurde über den blauen Grundton eine unregelmäßige gelbe Farbschicht gelegt. Die trockene Farbe von links einbügeln.
Unterhalb der Häuserfront drei Reihen ornamentale Stiche in drei Gelbtönen sticken. In die Häuser blaue Kästchenstiche setzen.
Alle Handstiche zweifädig ausführen. Konturieren Sie die gesamte Häuserfront mit Stielstichen: Die Dächer goldgelb nachsticken, dabei die Unterkanten jeweils freilassen. Nur beim Kuppeldach auch die Unterkante gelb nachsticken. Beim zweiten Dach von links zwei Reihen als Kontur sticken und die Unterkante mit einer blaugrauen Reihe begrenzen. Die Häuser entlang der Seitenkanten nachsticken, dabei in die Mitte des Kuppelhauses zwei Reihen setzen. Das letzte Haus und die Kirche werden blaugrau. Den Kirchturm oben sowie die Tür ebenfalls nachsticken. Ansonsten sind alle Türen der Häuser weinrot, die des Kuppelhauses ist türkisblau konturiert.

Stoffrollo mit Bäumen

Wenn's draußen grau und regnerisch ist, ziehen Sie einfach Ihr Stoffrollo vors Fenster. Schon haben Sie eine schönere Aussicht.

Hand-Stickstiche:
Knötchenstich
Stickgarn:
Sticktwist in den Farben Weinrot, Blaugrün und Graublaugrün
Stoffmalfarben:
Goldgelb, Tannengrün, Braun und Blau (permanent)

Ausarbeitung:
Pausen Sie das Motiv aus dem Buch ab. Es kann beliebig vergrößert werden (siehe Seite 28/29).
Wie Sie die Schablone herstellen und worauf bei der Stoffmalerei zu achten ist, lesen Sie auf Seite 90/91.

Fixieren Sie die Schablone gut auf dem Stoff. Die Farben in dünnen Schichten übereinander legen. Dabei teilweise Weiß aussparen und als Licht stehen lassen. So wirken die Bäume plastischer. Die trockene Farbe von links einbügeln.

Setzen Sie nun Knötchenstiche in die Bäume: alle weinroten Knötchen vierfädig sticken. Die blaugrünen und graublaugrünen Knötchen dreifädig sticken und nach innen auslaufen lassen. So erhalten Sie eine schöne Struktur.

Statt der Knötchen können Sie auch mehrere einzelne Maschinen-Stickstiche in die Bäume „streuen". Geeignet sind zum Beispiel ein Punkte- und ein Sonnenstich (Creative 1471: Stiche 85 und 88).

Magic Star

Pailletten-Weste aus Satin

Silberne Pailletten auf schwarzem Satin und einige Farbspritzer in Blau und Gelb verleihen dieser Weste einen geheimnisvollen Zauber.

Hand-Stickstiche:
Knötchenstich
Stickgarn:
Sticktwist in den Farben Graugrün und Blaugrün

Stoffmalfarben:
Blau und Gelb (deckend)
Arbeitsmaterial:
Sieb, Zahnbürste, Sternchen und runde Pailletten, Glasperlen, Straßsteine

Ausarbeitung:
Je nach Schnitt der Weste einen Entwurf anfertigen und danach eine Schablone für die Farbflächen herstellen. Wie Sie die Schablone herstellen und worauf beim Spritzen zu achten ist, lesen Sie im Abschnitt „Spritzen“ auf Seite 92.
Die Schablone auf einem Westenvorderteil fixieren. Darunterliegenden Stoff der Weste (Rückenteil) gut mit Zeitungspapier abdecken, da die Farbe durchdringen könnte. Mit Sieb und Zahnbürste aus mindestens 30 cm Abstand feine Farbschichten in mehreren Lagen über das Vorderteil spritzen. Farbe etwas antrocknen lassen und die Schablone abnehmen. Bügeln Sie die trockene Farbe von links ein.
Zuerst die Pailletten mit zwei- oder dreifädigen Knötchenstichen aufnähen: Ausstechen, Paillette auffädeln, ein Knötchen arbeiten und im Paillettenmittelpunkt wieder einstechen. Befestigen Sie die Paillette nochmal auf der Rückseite, bevor Sie zum nächsten Ausstechpunkt gehen. Die Glasperlen aufnähen: Ausstechen, Perle aufnehmen und wieder einstechen. Den Faden von hinten wieder sichern und zum nächsten Ausstechpunkt gehen. Setzen Sie beim Aufnähen der Perlen auch einzelne Knötchen auf das Vorderteil. Zum Schluß einige Straßsteine auf die Weste nähen.
Wechseln Sie beim Aufnähen der Pailletten und Glasperlen immer wieder die Garnfarbe.

Ibis

In Ägypten wird der Ibis als Bote, der Gutes verkündet, geschätzt.
Das zarte Gefieder wird mit der Hand und der Maschine gestickt.

Hand-Stickstiche:
Knötchenstich
Maschinen-Stickstiche:
Kleiner Rankenstich 94, Kästchenstich 66 oder entsprechende filigrane Stiche aus dem Programmangebot Ihrer Nähmaschine

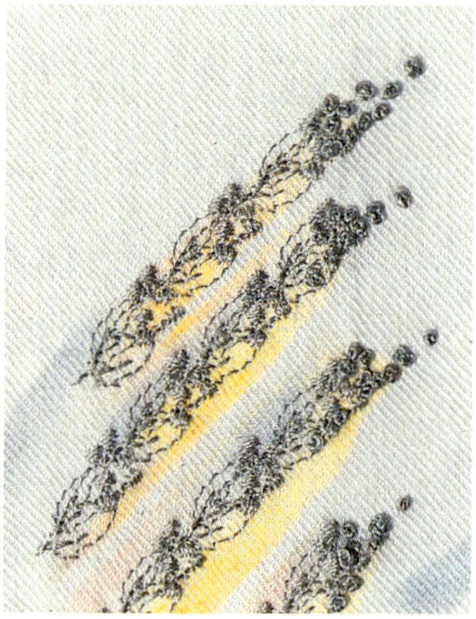

Stickgarn:
Sticktwist in der Farbe Mittelgrau
Maschinenstickgarn in den Farben Grau, Hellblau und Hellgelb
Stoffmalfarben:
Grau, Blau, Rot und Gelb (permanent)

Ausarbeitung:
Stellen Sie einen eigenen Entwurf her oder pausen Sie den Ibis vom Foto ab. Wie Sie die Schablone des Motivs herstellen und worauf bei der Stoffmalerei zu achten ist, lesen Sie auf Seite 90/91.
Achten Sie bei der Schablone darauf, daß die Flügel zuerst bemalt und dann überstickt werden. Die Schablone auf dem Stoff fixieren und die einzelnen Farben dünn auftragen. Nach dem Trocknen die Stoffmalfarben von links einbügeln.

Das Gefieder des Ibis besteht aus zarten, grauen Rankenstichen. Das Gefieder-Ende mit zweifädig gesticktem Knötchenstich auslaufen lassen und als Auge einen Knötchenstich einsetzen.
Mit dem Bleistift eine feine Begrenzungslinie ziehen und an dieser die erste Kästchenreihe in Hellblau ansetzen. Die Creative 1471 arbeitet immer zwei gegeneinander versetzte Kästchenreihen in einem Arbeitsgang. Nach der blauen Reihe eine graue und eine gelbe Reihe sticken. Die Farben in dieser Reihenfolge wiederholen, den Abschluß bildet eine blaue Reihe.

Gürtel mit Rapporten

Weiß auf Weiß oder Ton in Ton – die geometrischen Rapporte verleihen diesem breiten Seidengürtel eine grazile Wirkung.

Maschinen-Stickstiche:
Punktestich 85, Dreieckstich 65, grafischer Rapport 56 oder Stiche mit gleicher Wirkung aus dem Angebot Ihrer Nähmaschine
Stickgarn:
Maschinenstickgarn in Weiß

Ausarbeitung:
Den Dreieckstich so programmieren, daß sich das Muster stets dreht (Musterumkehr). Im Wechsel den Dreieckstich und den grafischen Rapport auf weißen Stoff sticken. Zwischen jede Reihe eine Reihe im Punktestich anbringen. Aus dem Stoffstück einen Gürtel nähen und diesen eventuell mit Farbverläufen einfärben (siehe Seite 92).

Wenn Sie Ihren Gürtel von Hand sticken möchten, sticken Sie zunächst Musterproben. So können Sie sehen, welche Stiche zusammen eine schöne Fläche und Struktur ergeben. Am Anfang des Buches finden Sie zahlreiche Stickstiche mit genauen Erklärungen. Der Gürtel sieht auch mit einer Kreuzstichbordüre sehr schön aus.

Bananenmond

Dieses Früchte-Stilleben ist mit Schablonen schnell gemalt. Es eignet sich sehr gut als Eckmotiv. Wählen Sie dazu einen Blumen-oder Blätterrapport aus Ihrer Nähmaschine.

Maschinen-Stickstiche:
Kleiner Rankenstich 94 oder ein entsprechender filigraner Stich aus dem Programm Ihrer Maschine
Stickgarn:
Maschinenstickgarn, bei dem der Faden in verschiedenen Grüntönen eingefärbt wurde
Stoffmalfarben:
Blau, Violett, Gelb, Grün und Braun (permanent)

Ausarbeitung:
Die Zeichnung vom Foto durchpausen und nach Wunsch vergrößern (siehe Seite 28/29). Wie Sie eine Schablone des Motivs herstellen und worauf bei der Stoffmalerei zu achten ist, erklären wir auf Seite 90/91.

Die Schablone gut auf dem Stoff fixieren und die Motivteile dünn ausmalen. Die trockene Farbe von links einbügeln.
Für den Rapport den kleinen Rankenstich parallel zu den Kanten sticken.
Das Kissen mit 50 x 50 cm Größe hat in einer Ecke ein Obstmotiv, 6 cm von der einen und 8 cm von der anderen Kante entfernt. Die Ranken als Fortsetzung des Motivs aufsticken.
Bei den 32 x 32 cm großen Servietten befindet sich ein 12 cm langes Rankenmotiv als „Eckranke" in einer Ecke. Es ist 6 cm von den Kanten entfernt.

Die Tischdecke hat in jeder Ecke zwei Obstmotive, die an den Traubenstielen zusammengesetzt sind. In allen Ecken befindet sich, 11 cm von den Kanten, jeweils eine „Eckranke". Mit Rankenmotiven die einzelnen Obstmotive entlang aller Kanten verbinden. Auf gleichen Abstand von den Kanten achten.

Für eine Handstickerei empfehlen sich beispielsweise drei Reihen Kettenstich, den Sie vierfädig sticken. Auch Stielstichreihen machen sich gut.

Kleiner Turm im Zauberwald

Geheimnisvolle Pflanzen ranken sich um den verwunschenen Turm im Zauberwald.

Hand-Stickstiche:
Stielstich, Knötchenstich, Spannstich, Kettenstich
Maschinen-Stickstiche:
Blätterstich 40, eng eingestellter Zickzackstich; wählen Sie für den Blätterstich einen passenden Stich aus dem Programm Ihrer Maschine

Stickgarn:
Sticktwist in den Farben Goldgelb, in verschiedenen Flieder- und Violettönen und in verschiedenen Grün- und Grünblautönen
Maschinenstickgarn in den Farben der Stoffe und in Weiß
Stoff:
weißer Baumwollstoff, verschiedene Stoffreste
Textilfarben:
Gelb, Blau und Grün

Ausarbeitung:
Ein 50 x 50 cm großes, doppelt gelegtes Stoffstück alle 4,5 cm mit weißen Blätterstich-Reihen versehen.
Den Stoff mit Farbverläufen einfärben (siehe Seite 92).
Dabei von oben nach unten (quer zu den Reihen) hellblau, hellgelb, mittelgelb, gelb und grün einfärben.
Für den Turm und die Kreise Stoffreste mit Vlieseline verstärken, zuschneiden und auf den Stoff heften (siehe Seite 94). Jedes festgeheftete Teil sofort mit Zickzackstichen applizieren.
Die freie Stickerei zwei-, drei- und sechsfädig im Stiel-, Ketten- und Knötchenstich ausführen.
Auf dem Foto können Sie erkennen, wie der kleine Zauberwald „gewachsen“ ist.

Früchterock mit Applikationen

Sehen Sie mal in Ihrer Restekiste nach. Für diesen fröhlichen Kinderrock finden sich bestimmt einige lustige Stöffchen.

Hand-Stickstiche:
Stielstich
Maschinen-Stickstiche:
eng eingestellter Zickzackstich

Stickgarn:
Sticktwist in den Farben Schilfgrün, Blaugrün, Tomatenrot und Goldgelb
Maschinenstickgarn zu den Stoffen passend
Stoffe:
farbige Stoffreste, Einfaßband für den Saum

Ausarbeitung:
Gewünschte Motive mit dünner Vlieseline verstärken, ausschneiden und auf den Rock heften (siehe Seite 94). Alle Teile im Zickzackstich applizieren.
Stiele und Blätter mit Stielstichen zweifädig aufsticken (siehe Foto) und den Rocksaum mit Einfaßband einfassen.

Kleines Märchenhaus

Es war einmal ein kleines gelbes Haus mit einem großen roten Dach …
Ein Bild, zu dem man sich viele schöne Märchen ausdenken kann.

Hand-Stickstiche:
Stielstich, Knötchenstich
Maschinen-Stickstiche:
Sonnenstich 88, Punktestich 85, Sternenstich 42, eng eingestellter Zickzackstich; suchen Sie entsprechende Stickstiche aus dem Angebot Ihrer Nähmaschine
Stickgarn:
Sticktwist in den Farben Weinrot, Beigebraun, helles Schilfgrün, Olivgrün, Rosa und in verschiedenen Blaugrüntönen
Maschinenstickgarn in den Farben Schilfgrün, Olivgrün, Tannengrün, Gelb, Goldgelb und zu den Stoffen passend
Stoff:
weißer Damast, verschiedene Baumwoll-Stoffreste

Ausarbeitung:
Das Bild ist etwa 30 x 18 cm groß. Stellen Sie einen Entwurf her oder pausen Sie das Motiv vom Foto ab. Es kann beliebig vergrößert werden (siehe Seite 28/29).
Die Stoffreste mit dünner Vlieseline verstärken, die Motivteile ausschneiden und auf den Damast heften (siehe Seite 94). Jedes geheftete Teil sofort mit Zickzackstichen applizieren. Beginnen Sie mit dem Hintergrund (Haus) und legen Sie davor liegende Teile über die hinten liegenden.
Mit der Nähmaschine die Baumkrone in den drei Grüntönen im Sonnenstich aufnähen. Den Stich hierfür

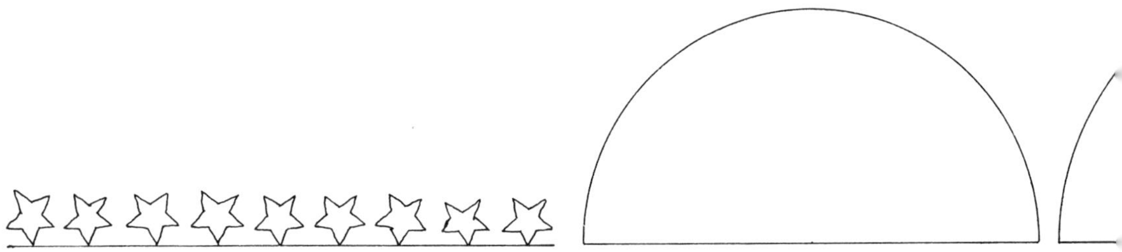

als Einzelmotiv anwenden. Gelbe Blüten im Punktestich ebenfalls als Einzelmotiv arbeiten, dann unter die Hügel kurze Sternenreihen setzen.
Von Hand das Bild zu Ende sticken: Rosafarbene und weinrote Knötchen dreifädig aufsticken. Den Baumstamm und die Stiele zweifädig im Stielstich arbeiten. Zweifädige Knötchen in Blaugrüntönen einsetzen.
Lassen Sie das Bild nach und nach „wachsen".

Ecke mit Sternrapport

Auch mit den einfachen Zierstichen der Nähmaschine lassen sich schöne Wirkungen erzielen.

Maschinen-Stickstiche:
Sternchenstich 54 oder ein beliebiger Stich Ihrer Nähmaschine
Stickgarn:
Maschinenstickgarn in Weiß
Textilfarben:
Gelb, Blau und Rot
Stoff:
weißer Baumwollbatist

Ausarbeitung:
Nähen Sie zwei Reihen Sternchenstich über Eck an zwei Kanten entlang. Drei diagonale Linien in die Ecke setzen.
Das Muster ist in Originalgröße abgebildet.
Verläufe in verschiedenen Tauchbädern einfärben (siehe Seite 92). Mit dem Pinsel Farbe aus den Tauchbädern aufnehmen und vorsichtig auf die gestickten Motive tupfen.

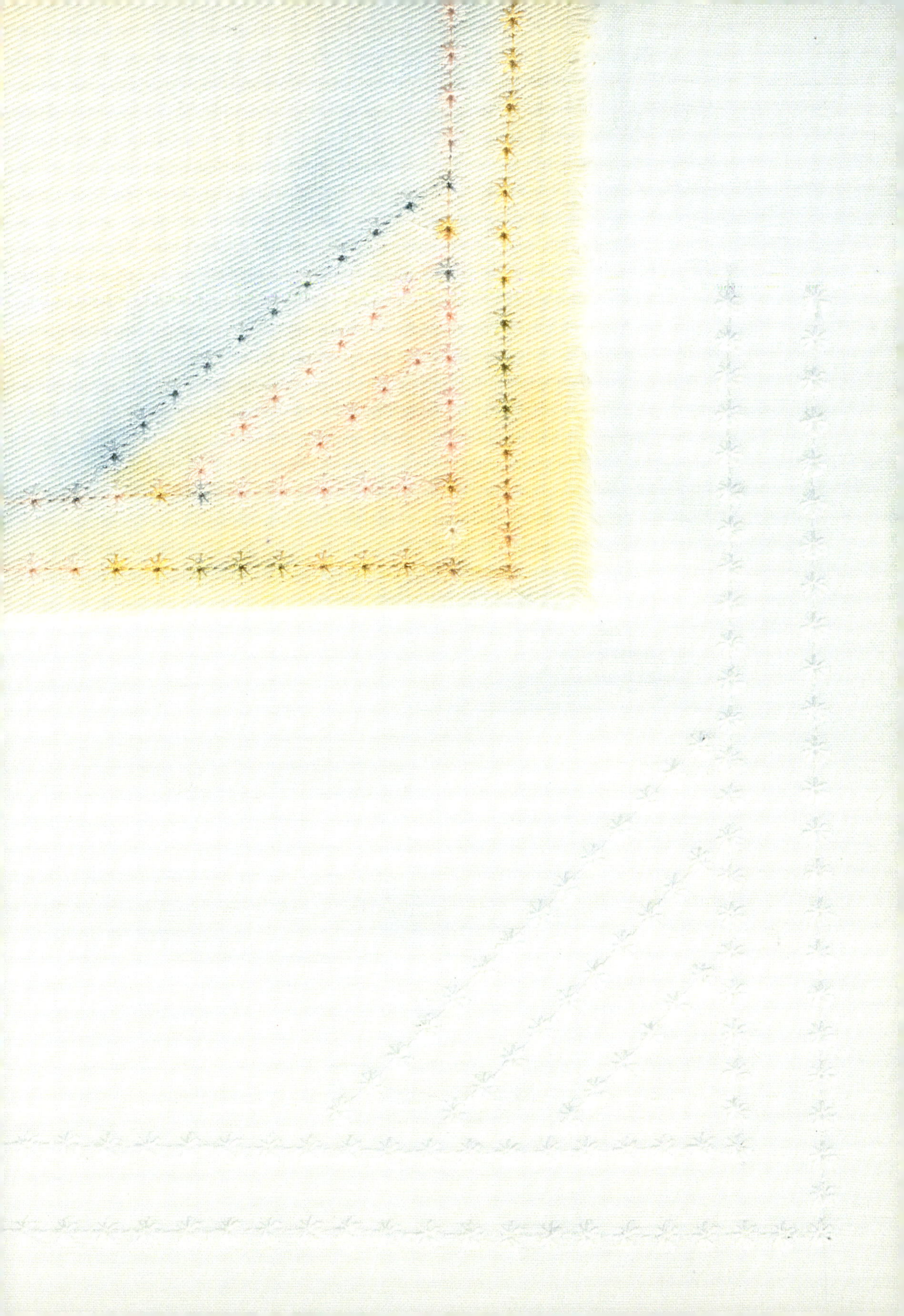

Blauer Baum mit Perlen

Der knorrige Perlenbaum wächst allein auf weiter Flur. Durch den perspektivisch gestickten Hintergrund erhält das Bild Tiefe.

Hand-Stickstiche:
Stielstich, Knötchenstich, Spannstich
Stickgarn:
Sticktwist in den Farben Blau, in verschiedenen Blaugrün- und Graublautönen
Stoff:
Baumwollstoff, in zwei Tönen eingefärbt
Gestaltungsmaterial:
Perlen in Blaugrau und in zartem Flieder

Ausarbeitung:
Übertragen Sie das originalgroße Bild auf Transparentpapier. Zuerst anhand dieser Zeichnung eine Stichlagenskizze anfertigen. Eine zweite Zeichnung farbig anlegen. Gestalten Sie diesen Farbentwurf nach Ihren Vorlieben. Beide Zeichnungen liegen während der Arbeit immer vor Ihnen, damit Sie sowohl die einzelnen Stickstiche immer kontrollieren wie auch die Farben auswählen können. Sticken Sie die Stiel- und Spannstiche einfädig, die Knötchenstiche zweifädig. Zuerst arbeiten Sie einige Grundlinien des Hintergrunds im Stielstich. Nachdem der Hintergrund ausgefüllt ist, den Baumstamm ebenfalls im Stielstich sticken. Er wird über die Hintergrundstiche gestickt, damit er plastischer wirkt. Den Vordergrund (Wiese) etwas mit Watte polstern und dann mit Stiel-, Spann- und Knötchenstichen laut Foto ausarbeiten. Zum Schluß nähen Sie die Perlen auf das Bild.

Baum im Regen

Regen und Sonne zugleich auf einem Bild. Dank der Sticktechnik in mehreren Lagen ist das möglich.

Hand-Stickstiche:
Plattstich, Spannstich, Stielstich, Knötchenstich
Stickgarn:
Sticktwist in den Farben Rot, Hell- und Mittelblaugrau, Braun, Hell- und Mittelschilfgrün und in drei verschiedenen Goldbrauntönen
Stoff:
Baumwollstoff in Weiß
Textilfarben:
Blau, Hellbraun, Grün und Gelb

Ausarbeitung:
Das Bild ist in Originalgröße abgebildet. Übertragen Sie es auf Transparentpapier und legen Sie eine Stichlagenskizze und einen Farbentwurf an (siehe auch Seite 136).
Zunächst wird der gewaschene Baumwollstoff für den Hintergrund eingefärbt (siehe Seite 92).
Arbeiten Sie Ihr Bild vom Hintergrund zum Vordergrund. Stiel-, Spann- und Plattstiche einfädig, Knötchenstiche zweifädig sticken.
Als erstes die braunen Begrenzungslinien im Stielstich sticken.
Arbeiten Sie nun den Baumstamm mit dunkel- und mittelgoldbraunen Stielstichen. Dabei auch Stielstiche als Äste nach oben ziehen. Die schilfgrüne Baumkrone im Knötchenstich, den Busch rechts im Stielstich arbeiten.
Sticken Sie die Wiese aus Platt-, Spann- und Knötchenstichen, wie es auf dem Foto zu sehen ist.
Eine hell- und mittelblaugraue Reihe für jede Wolke im Stielstich sticken und die mittelblaugrauen Regenfäden (einfädig) über das fertige Bild spannen, aufziehen und rahmen.

Collage

Erdhafte, gedeckte Farben verleihen dieser Collage etwas Urwüchsiges.

Hand-Stickstiche:
Knötchenstich, Stielstich
Stickgarn:
Sticktwist in den Farben Braun, Hell- und Mittelbeigebraun, dunkles Aubergine, Blaugrün
Stoff:
helle Wildseide, brauner Stoffrest, graublaugrüner Futterstoff, Rupfenrest, goldener Spitzenrest
Gestaltungsmaterial:
auberginefarbene Glasperlen, goldene Stoffmalfarbe, Sieb, Zahnbürste

Ausarbeitung:
Legen Sie vom gewünschten Bildmotiv einen Farbentwurf und eine Stichlagenskizze an (siehe Seite 136).
Auf den hellen Hintergrund werden die verschiedenen Stofflagen Schicht für Schicht aufgestickt.
Lassen Sie Ihr Bild nach eigenen Entwürfen und Ideen entstehen. Alle im Buch vorgestellten Techniken eignen sich zur Gestaltung freier Textilarbeiten.
Das Bild auf dieser Seite soll nur eine Anregung für Sie sein – und Ihnen die Möglichkeiten zeigen, die textile Techniken bieten.
Das fertige Bild wurde rechts oben mit einer dünnen Schicht Stoffmalfarbe überspritzt (siehe Seite 92).

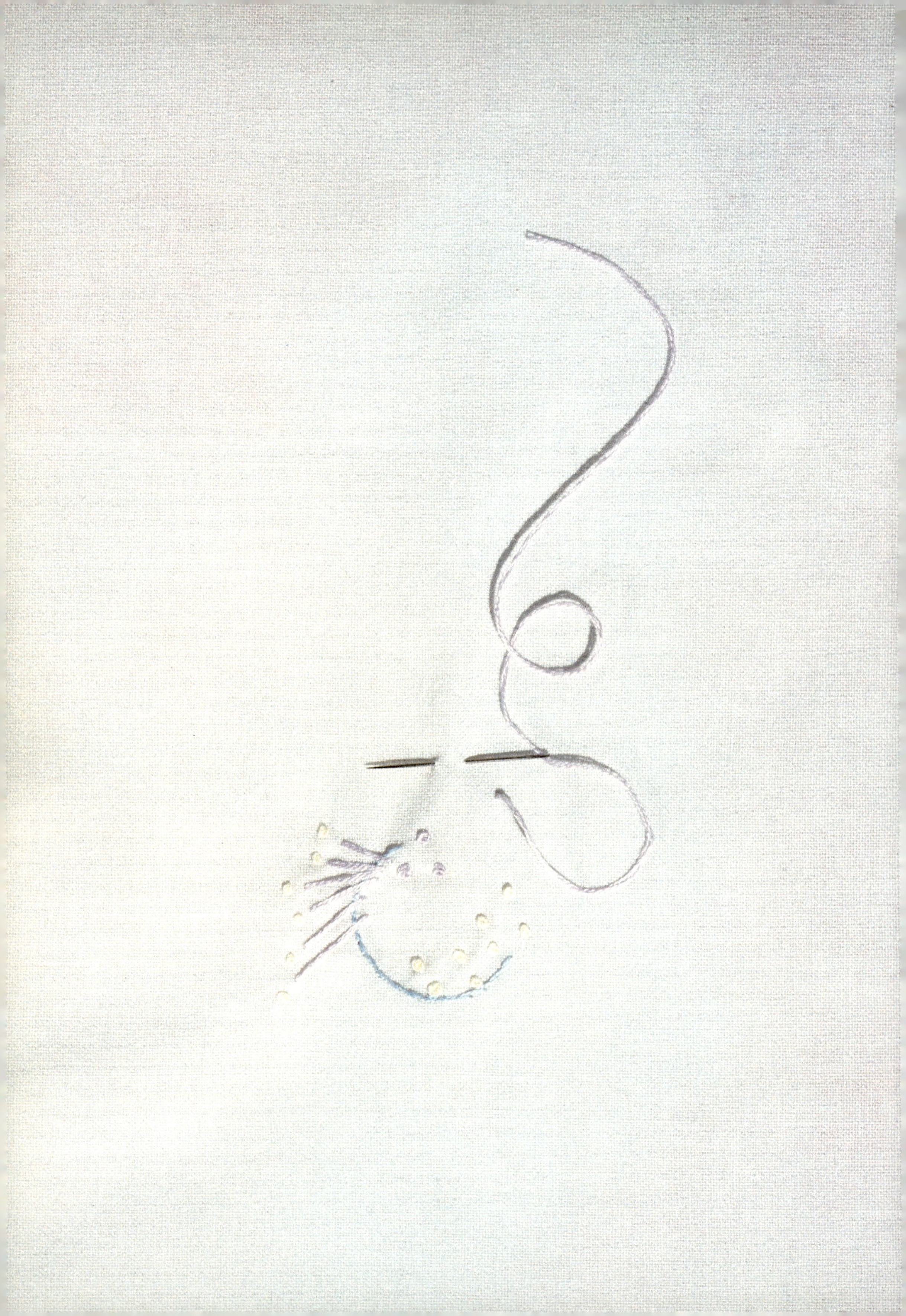

Unser besonderer Dank gilt Karola Kimmerle für umfassende Beratung bei der Erstellung der Anleitungstexte,
den Teilnehmerinnen der Kurse für Textiles Gestalten an der VHS Leverkusen, die ihre Stickarbeiten für dieses Buch zur Verfügung gestellt haben,
Julia Jacoby-Nelson für die Ausführung der Kreuzsticharbeiten,
Karin Haupt für die Gestaltung des Titels,
Helga Maser für die Ausführung der Maschinenstickereien,
Henriette Steinacker und dem Stickmuseum „Alte Pastorat" in Oberhundem für tatkräftige Unterstützung bei dem Kapitel über die Technik der Weißstickerei,
den Firmen MEZ Stickgarne in Freiburg und Pfaff Nähmaschinen in Karlsruhe für umfassende und unbürokratische Hilfe.

PFAFF
CREATIVE
prog
Made by Pfaff in West Germany